差异教育 成果丛书
Achievements on Differentiation Education

丛书主编：楼朝辉 施民贵

# 小马老师的语文好好玩

## 立体阅读与观察文学（上）

马迎春◎著

ZHEJIANG UNIVERSITY PRESS
浙江大学出版社

**图书在版编目(CIP)数据**

小马老师的语文好好玩：立体阅读与观察文学：全2册/
马迎春著.—杭州：浙江大学出版社，2017.9(2017.12重印)
ISBN 978-7-308-17377-3

Ⅰ.①小… Ⅱ.①马… Ⅲ.①阅读课—教学研究—中小学
Ⅳ.①G633.332

中国版本图书馆 CIP 数据核字(2017)第 222075 号

**小马老师的语文好好玩**
　　——立体阅读与观察文学(全2册)

马迎春　著

| | | |
|---|---|---|
| **策划编辑** | 谢　焕 | |
| **责任编辑** | 杨利军 | |
| **文字编辑** | 陈　翮 | |
| **责任校对** | 沈巧华 | |
| **封面设计** | 周　灵 | |
| **出版发行** | 浙江大学出版社 | |
| | （杭州市天目山路 148 号　邮政编码 310007） | |
| | （网址：http://www.zjupress.com） | |
| **排　　版** | 杭州林智广告有限公司 | |
| **印　　刷** | 杭州钱江彩色印务有限公司 | |
| **开　　本** | 710mm×1000mm　1/16 | |
| **印　　张** | 35 | |
| **字　　数** | 533 千 | |
| **版 印 次** | 2017 年 9 月第 1 版　2017 年 12 月第 2 次印刷 | |
| **书　　号** | ISBN 978-7-308-17377-3 | |
| **定　　价** | 59.00 元（全 2 册） | |

# 小马的迎春生长

她是一匹黑马。

跑在前面。她坚持每天给孩子们讲绘本故事,孩子们也跟着讲,回家讲给爸爸妈妈听。让孩子们从课内讲到课外,从学校讲到家里,还让家长记录下来,发到班级的微信公众号里。于是,老师、学生、家长一起读书,名曰"立体阅读"。她常常仔细观察,有感而发而写下几千字,让孩子们也跟着观察、思考与表达:蚂蚁,乌龟,水仙;脾气,朋友,钢笔;关怀,电影,第一场雪……名曰"观察文学圈"。孩子们跟随其后,形成长长的队伍,有的紧追不舍,有的不甘落后,有的绝不掉队……成长是一个过程,进步也有快慢,量力而行后有所进步是硬道理。

马不停蹄。"立体阅读"指的是一个阅读学习共同体。她总是有讲不完的阅读主题:"新生一年级""成长的烦恼""保护牙齿有办法"……她上了一堂又一堂富有特色的阅读课:《大卫,不可以!》《小蓝和小黄》《最奇妙的蛋》……观察文学,有观察者的交流与声音,有教学的朴素尝试。她,带着孩子,用"童眼"看自然、生活,用"童心"悟童真,用稚嫩的手记录自己"渐渐长大"的过程。这几年我负责浙江省教育厅教师培训项目或策划"全国童话体作文教学研讨会"时,总不忘请她出场,她总会带着创意无限的特色课亮相:"时间魔法师""未来狂想曲""神奇的民俗物件"……她的课总是那么令人兴奋,让人眼睛一亮,也总有些许概念让人不太懂,比如"神器""路标""图表式写作教学"等。我喜欢她的课,贵在创新,改革有时会有些不同的声音,理想成为现实需要时间。

她姓马,自称小马,名迎春,马迎春,天长小学的青年教师。学校向她约了一本书稿,她交出了近几年的读写研究记录,多达 60 万字。编辑说,一本书太厚了。我说,那就分上下册,上册为"立体阅读",下册为"观察文学",题名"小马老师的语文好好玩——立体阅读与观察文学"。

我喜欢小马,她总跑在前面,马不停蹄;我喜欢迎春,她是中国小学作文教学中的一朵迎春花,冰清玉洁,凌寒盛开,迎春生长。

浙江省特级教师　施民贵

2017 年 4 月

目　录

CONTENTS

**范例篇** **"立体阅读"富有特色的九堂课** / 207

**附 录**

# 绪　论

　　有一个孩子每天向前走去，

　　他看见最初的东西，

　　他就变成那东西，

　　那东西就变成了他的一部分……

　　　　　　　　——［美］惠特曼《有一个孩子向前走去》

　　当你像我们的学生一样小的时候，你最喜欢读的是什么书呢？没错，你的第一本枕边书，就是图多字少的绘本吧。在我们还都不懂"抽象"的年代，在温暖的小被窝里陪伴我们的，就是那些绘本。"尊重天性、发展天性"已是新时代的教育基调，"读图时代"也已席卷而来。既然孩子们的天性本就如此，我们何不顺性而为，因势利导，将发展读文能力与读图能力双向并举？

　　伴着无限憧憬，我尝试在班级开展绘本阅读课，培养孩子们的绘本阅读能力与绘本欣赏能力，我和孩子们每周至少阅读两本绘本，并鼓励孩子们从身边拣拾绘本元素，创作自己的绘本故事，将绘本融入学习与生活。

**何以为——享受阅读，激情出发**

　　有梦想总是美好的，而把梦想变成现实则更有意思！

　　我崇尚阅读。阅读活动是培养孩子们的理解力、思考力和表达力的最轻松也最行之有效的方式；而且，阅读能力应该包括阅读文字与图画的能力。我一直相信孩子们的智力发展与心理发育一样存在关键期，我们不能错过或者稀里糊涂地应付他们的这一关键期。

阅读是需要循序渐进的,这毋庸置疑。但究竟该如何渐进呢?我们一般认为,阅读应遵循"绘本—桥梁书—文字书"的渐进顺序,但他们阅读不同类型图书的年龄段是多大呢?文字所表达的一定比图画深刻吗?很多人认为绘本是给小小孩看的,孩子到了一定年龄(一般 8 岁)就需阅读文字书,殊不知若一下子让孩子从绘本阅读跳到文字阅读,他们会备感吃力,从而间接阻碍了他们以后继续探索阅读的乐趣。而唯有让孩子们感受到阅读的乐趣,他们才会爱上阅读,从而自然地踏上阅读的旅程。我认为,绘本阅读应该贯穿于孩子们的童年。

## 以何为——主题式绘本阅读

基于这样的信念,我开始尝试绘本阅读教学,并坚信其对培养孩子们的阅读兴趣、阅读能力甚至对孩子们的情商发展有无法估量的价值。首先,我和孩子们一起读《蚯蚓的日记》,探讨何谓"绘本"。绘本,不同于我们平常所讲的"小人书"、卡通图书或其他有图有字的低幼儿读物,它对语言、图画及两者的构成形式有着特定的规范和要求。日本儿童文学出版专家居松对此做了形象的注解:文字+图画=带插图的书,文字×图画=图画书。简而言之,绘本就是语言涌出来的世界。一些优秀的绘本,譬如谢尔·希尔弗斯坦的《失落的一角》,就是作者将自己的想法用简单的图片配上简单的文字表达出来的。

接着,我们开始在绘本世界里尽情遨游。考虑到绘本对儿童心灵的培育、对童年生态的优化、对儿童教育的支援及对儿童母语意识的培养,我将绘本依据其主要内涵分门别类,在班级开展主题式绘本阅读(见表 1)。

表 1　绘本阅读主题及所用文本

| 主　题 | 所用文本 |
| --- | --- |
| 成长 | 《阿文的小毯子》《玛丽的秘密》《小红书》《小老鼠的漫长一夜》…… |
| 梦想 | 《大脚丫跳芭蕾》《跳舞吧，小雅》《巴特恩的裁缝梦》《鸭子骑车记》…… |
| 情绪管理 | 《我为什么快乐》《苏菲生气了》《生气的亚瑟》《我的心中每天开出一朵花》《奶牛派尼傲》…… |
| 自我认识 | 《贝尼都会干什么》《箭靶小牛》《谁要一只便宜的犀牛》《有个性的羊》《我是彩虹鱼》《我是谁》…… |
| 分享 | 《巨人和春天》《德沃夫爷爷的森林小屋》《阿松爷爷的柿子树》…… |
| 德育探索 | 《沙沙的肚子咕噜咕噜叫》《我绝对绝对不吃番茄》《小鳄鱼的钱包》《有个问题问大象》《怕浪费的奶奶》…… |
| 亲情 | 《爸爸的袜子》《猜猜我有多爱你》《我的爸爸叫焦尼》《温情的狮子》…… |
| 生命 | 《爷爷变成了幽灵》《活了一百万次的猫》《蓝天空》《走进生命花园》…… |
| 英雄 | 《条纹鱼得救了》《彩虹色的花》《卖翅膀的小男孩》《最想做的事》《小黑鱼》…… |
| 友谊 | 《别取笑我的朋友》《鳄鱼哇尼》《婷卡》《小鲁的池塘》…… |
| 自信 | 《你很特别》《机器人心里的蓝鸟》《我的名字克丽桑斯美美菊花》《小罐头》…… |
| 自然 | 《会爬的豆子》《金爷爷买钟》《席奶奶的黑夜》《黑熊和白熊》…… |

这样，通过主题式阅读，一方面激发孩子们对于绘本的阅读兴趣，同时培养他们的文学素养；既不中断他们在阅"图"上的乐趣，又能满足他们进入文字世界的渴望。教师若能先深入了解绘本的主题，便能游刃有余地将绘本教学与其他教学形式相融合，达到事半功倍的效果。

譬如在品德课上讲授"助人为乐""拾金不昧"主题时，我与孩子们共读《小鳄鱼的钱包》：小鳄鱼拾到了一个心仪已久的钱包，身边的动物朋友都说要分掉钱包里的钱，但小鳄鱼却坚持要将钱包交到警察局。在去警察局的途中，他抵制住了不少诱惑，也拆穿了莫道克的阴谋，终将钱包归还原主。孩子们读完，立即有说不完的感想："小鳄鱼真乐于助人""小鳄鱼不贪钱""小鳄鱼知道失主会很着急"……在食育课上讲授"不挑食不偏食"主题时，我建议上课老师将《我绝对绝对不吃番茄》加入教学中，孩子们一读完，便也学着萝拉用"联想法"改掉自己和身边人挑食偏食的小毛病,在笑声中解决实际问题。

现在,不少孩子有暴脾气,我们在上心理课时如何帮助他们学会情绪管理呢?读读《苏菲生气了》吧。人人都有喜怒哀乐,但怎样正确释放不良情绪呢?故事中的苏菲和姐姐抢玩具不成,便开始发脾气,先是摔东西、撕破东西,然后是咆哮,接着猛地关上门跑了出去,跑累了就哭,最后爬到了一棵大树上聆听大自然的声音才慢慢归于平静,继而回到家,重新感受家的温暖。我们当然不应简单地制止孩子们乱发脾气,而应该引导他们合理宣泄。孩子们读着读着便会受到启发,有的说生气时可以剪纸,有的说可以疯狂、大声地朗读,还有的说可以拍打被子、胡乱画画……

作为语文老师,我最割舍不掉的就是"语文味",希望所做的事最好能有利于孩子们语文素养的提高。在上写话课时,绘本是很好的摹写素材,因为很多绘本都有"迭唱"式的设计。譬如《小猪闹闹》,闹闹在和不同小动物相处的过程中闹了不同的笑话,既展现了闹闹的可爱,也呈现了不同动物的脾气和习性,孩子们读后忍俊不禁,没读完就纷纷说要写写闹闹和其他动物的"糗事",他们写作的热情一发不可收拾,写出来的片段更是让我大开眼界、忍俊不禁。

## 如何为——游戏式绘本教学

从一年级开始,我尝试在儿童绘本阅读中实施思维策略,譬如用关键问题引导孩子们进行探索式阅读;用难点铺垫引导孩子们进行迁移式阅读;集体阅读在先,个体迁移在后;使用"读悃策略"等阅读教学策略,让孩子们贴近文本,感受绘本魅力等。与此同时,我也和孩子们创造"斑斓阅读"[之所以命名为"斑斓阅读",是因为孩子们将自己喜欢的阅读方法以不同的水果命名,可谓色彩斑斓,譬如主干式(香蕉)、片段式(橘子)、对比式(苹果)、细节式(草莓)、整体式(梨子)等]。在绘本阅读之前,运用游戏或其他自主选择的方式让孩子们自读,可有效提高孩子们的阅读兴趣和能力。

《小鸭骑单车》的主人公是一只小鸭,但他异想天开,想骑单车。小鸭骑单车时遇到了很多动物,有小猪、老鼠、母鸡等,他们从开始的怀疑、观望、羡慕,到最后也骑上单车尝试,中间经历了好几次心情变化。这值得玩味且充满趣味和想象力的绘本,实在是培养孩子们的想象能力和语言表达能力的好素材。我在执教时采用片段式(橘子)方法,借由"难点铺垫引导孩子们进行迁移式阅读"的策略,以"如果你是小鸭,你会怎么骑车?""别的小动物会怎么看你要骑车这件事?"设问,陪着孩子们一起经历小鸭的动作变化和情绪变化,孩子们自然而然地生发出"小鸭真勇敢""一切皆有可能"等感悟,因动物们的喜悦而喜悦。孩子们甚至忍不住要接着帮小鸭继续长大:学骑摩托,学开汽车,学驾飞机,甚至操纵宇宙飞船……他们乐不可支,欲罢不能,干脆拿起画笔涂鸦,沉浸于创造中。看他们这么喜欢《小鸭骑单车》,我赶紧介绍了题材类似的绘本《巴特恩的裁缝梦》和《独自去旅行》,他们很期待,说下课就想去借来看或买来看!

　　在执教《阿松爷爷的柿子树》这本绘本时,我运用"读惘策略",先问"阿松爷爷的柿子树怎么不见了?",再让孩子们自由阅读,解除迷惘。原来,故事中的阿松爷爷拥有一棵果实累累的柿子树,却总是不舍得与人分享;哎哟奶奶却完全不同,乐于将自己的一切与旁人分享,不管阿松爷爷给她什么,她都十分开心,将看似废物的东西变成新玩意,给小朋友们带来惊喜。直到因啬啬亲手将柿子树砍掉,阿松爷爷才明白自己的过错,拿出藏在仓库中的柿子,和大家一起分享。小朋友们看到了阿松爷爷的改变,也大方地接受了他,期盼着一起种下的柿子树快快成长。孩子们在自我赏读中,随着阿松爷爷的行为或嘘唏或赞许,着迷极了! 他们感叹:"阿松爷爷真自私!""哎哟奶奶真聪明!"是啊,分享的快乐绝对胜过独自拥有! 孩子们心动辞发,仿照文本中的句式表达自己的生活感想:午休练字时没田字格纸,很多同学争相借给自己;家人从日本带回糖果,舍不得吃留着到班级分享……这些点滴小事,从他们嘴里蹦出来,显得格外珍贵!

　　当然,教学时能润物细无声地培养孩子们的读图能力是再好不过的了。譬如对于如何阅读分页画、如何对比人物表情、如何观察事物背景等,比较适合用对比式阅读法或细节式阅读法来引导。细节式阅读法是指细致地观察绘本中有趣的细节,感受作品的完美意境。优秀的绘本文字都考虑了情节、场景、人物、心理等的变化,图画具有动态感和流畅性,整个画面看起来和谐、完整。譬如《逃家小兔》中,每一幅画面都充满了浓浓的母爱,孩子们细细观察,既能获取阅读乐趣,又渐渐感受到母爱的无处不在、如影随形。

## 何乐而不为——今天你"绘本"了吗?

绘本具有贴近孩子们的生活、文字与绘画和谐共处的特点,符合孩子们的年龄特征,于是他们也跃跃欲试,忍不住创作起来!孩子们设计了"小剑龙""小骆驼""小蜗牛"等主人翁,一个个活灵活现的角色跃然纸上。孩子们确定主题并制作封面,"寻找一个朋友""小胖的夏天"等流露出了孩子们乐于交友的心声;"蓝蓝昆虫历险记""大火车历险记""丽丽的疑问"等表达了孩子们旺盛的探索欲与求知欲。孩子们用稚嫩的线条、跳跃的颜色、灵动的思维片段创作出一个个小故事,描绘出了自己的独特体验。一些原本沉默的孩子也喜欢上用绘本来表达心声,越来越自信了。

绘本有自己的基调,教师执教的重点不是把握基调,而是尊重基调。我们要做的,无非是尊重文本,尽可能地和孩子们一起走进绘本,让孩子们有更多的自己阅读的时间。当然,我们可以引导他们掌握科学的阅读方法,但这些都是次要的,让他们真正从阅读中获得美好体验才是核心。我们的教育不应仅有实用主义色彩,更应把握当下,让孩子们感知童年的幸福。这样,孩子们会很享受绘本的世界,充满激情地读绘本、评绘本、创作绘本,并将作品进行整理,包上美丽的书皮,和大家一起分享。孩子们的绘本不仅充满童趣、生活想象丰富,更有一种难得的质朴,这流露出的是孩子们的纯真。希望越来越多的孩子爱绘本、爱阅读、爱创造,拥有自己的绘本!

在这本书中,我以年为时间单位记录阅读轨迹,从孩子们九月入学到六月放暑假,在一天又一天的"立体阅读"中,陪伴孩子们入学、交友、分享……

2016 年 9 月

# 理论篇

"立体阅读"提升阅读核心素养

## 一　我见："立体阅读"与阅读核心素养

### （一）"立体阅读"的缘起

七年前，我初为人师便担任一年级的班主任，开始和孩子们一起用心地艰难"过渡"。和我们一起"过渡"的还有用心良苦的家长，"每天给爸爸妈妈上一节阅读课"的想法，正是从家长们的关注中萌生的。

事情是这样的：2009 年开学后不久的一个周六，我接到了班级学生小丫的爸爸的电话，小丫的爸爸在电话中讲述了因父母教育理念不同而出现的小丫"亲妈妈、疏爸爸"的种种令人担忧的现象。刚入校的孩子本应该乐于向父母汇报一日学习生活，但小丫总是对爸爸实行"一问三不知"策略。小丫的爸爸在电话中向我求助，我虽不知该如何是好，但依然答应明天给小丫一个任务，让小丫开始和爸爸交流。放下电话后我陷入了沉思：海口是夸下了，到底想什么办法呢？恰巧那天下午又接到了林旭妈妈的电话，说林旭回家总是很兴奋，唠唠叨叨一大堆，但没有将事情说清，缺少条理性。有什么办法能让孩子们主动梳理一天所得，并和父母轻松交流呢？我萌生了让孩子们每天回家后"给爸爸妈妈上一节阅读课"的想法。第二天便交代了上课任务给小丫，上课的内容是班级里共读的绘本《我爸爸》。小丫回家上了课，但时间很短。要想让孩子们养成习惯、改善亲子关系，"上课"必须持之以恒，同时要有跟踪反馈，于是我设计了"成长手记"，并将给爸爸妈妈上课的任务作为常规作业布置给了孩子们，让孩子们自主选择一天的学习内容或感兴趣的事给父母上课，每天由父母轮流签字。由此，我开始边观察边思考：这项口头作业能否成为小学低段的常规作业从而促进学生各方面能力的发展呢？

爱玩游戏是孩子们的天性,在担任小学低段班主任时,我注重孩子们的游戏天性,将"小老师"的游戏作为家庭作业布置给孩子们,让孩子们每天回家给父母上阅读课,上课内容是学校共读的故事,每日 5 分钟。通过在班级开展"每天给爸爸妈妈上一节阅读课"的活动,我发现孩子们有当"小老师"的欲望,此活动有利于培养他们整理、复习的意识和能力,有利于激发孩子们表达、演讲的欲望,更有利于增进亲子交流、改善亲子关系。"每天给爸爸妈妈上一节阅读课"的活动是一种轻松有效的幼小衔接方式,是家校沟通的一种新的尝试,有利于家长和孩子更快地适应小学生活。

基于之前的实践研究经验,今年,我重新带一年级,依然沿用并改进了这一口头作业模式,期待爸爸妈妈们在支持、实施中多提宝贵意见,能帮助我们的孩子轻松"过渡",爱上阅读。

（二）为什么要进行"立体阅读"

其一,"立体阅读"是一种展示性学习。一年级孩子刚入校,对学校生活充满了新奇感,对于每天在学校里学到的知识和碰到的事情,部分孩子会向父母汇报,但条理不够清楚、缺乏逻辑性,没有将事情说清楚;部分孩子因为个性和能力等方面的原因不愿意向父母说学校的事情,甚至回家后"一问三不知"。

展示性学习是最好的培优方式,意识是开启行动的钥匙。"回家做小老师"可以逐步培养孩子们自己整理、自己复习的意识。整理和复习是学习中的一个隐性环节。从表面上看,一些知识只要认真学过了,并且都学会了、听懂了,就是很好地完成学习任务了。其实不然,学会整理和复习,是为了对抗更强大的"敌人",那就是个体的思维定式和记忆规律。如何将隐性环节显性化?我们需要借助于形式。建构主义教育理论告诉我们,虽然老师教给所有孩子的是相同的信息,但是同样的刺激在不同孩子头脑中的反应是不尽相同的,因为每一个孩子的天资禀赋不同、早期经验不同,对同一知识的理解与吸收也会有差异。这就带来了两个问题:一是有些孩子的理解可能是错误的、片面的,二是孩子们接受信息、整理信息的方式可能会有不同。因此,对不同孩子我们需要给予不同的关注和帮助,这给我们的形式选择带来了困扰,如何让每个孩子都找到适合自己的整理、复习方式呢?让孩子们回家给父母上课这一显性方式,能促使孩子们主动展示自我。在班级阅读结束后,孩子们回家进行复述或再阅读,并就阅读内容与爸爸妈妈讨论,这样就有效提高了孩子们的理解力。

其二,"立体阅读"可以促进家庭和谐。亲子之爱是通过孩子对父母的情感依赖以及父母对孩子的无私奉献来表现的,对亲子关系的走向和模式起主导和控制作用的,是父母这一方,而不少家长向我反映了孩子"亲妈妈、疏爸爸"的情况。如何增进孩子与父母的关系,让孩子们无压力地成长呢?我们一直在探寻积极有效的方式。"立体阅读"能从阅读内容和阅读形式两方面来改善亲子关系:一是阅读内容本身的引导;二是"立体阅读"的一个重要环节是给爸爸妈妈轮流上阅读课,这是一种有效增强亲子关系的方式。

其三,"立体阅读"可以提高孩子们的表达能力。提高孩子们的口头表达能力是帮助他们树立自信的关键。培养表达能力的方法很多,譬如"速读法""背诵法""复述法""模仿法""角色扮演法""讲故事法"等,但如何将这些方法融入孩子们的日常生活中呢?"每天给爸爸妈妈上一节阅读课"是这方面的新尝试,即将所有方法统合为"游戏法",长故事主要是利用"归纳法"和"复述法"进行,以提高孩子们的语言表达能力;短故事主要利用"角色扮演法""讲故事法"来进行。

(三)基于"班级阅读史"的"立体阅读"

"阅读其实和骑自行车一样,不是与生俱来的,而是在练习之后才能学会。在游泳中才能学会游泳,在阅读中才能学会阅读,大量阅读的重要性不言而喻。"[1]李家同教授的一个基本观点是:"大量阅读是基础教育的起点。"[2]阅读对个体的精神成长至关重要,一个人的精神发育史就是他的阅读史。一个群体的精神境界取决于这个群体的阅读水平,班级如是,每个儿童亦如是。

在当下的教育实践中,"海量阅读"和"生态阅读"是典型。"海量阅读"重在量的积累,以期待量变引起质变;"生态阅读"重在尊重儿童天性,让儿童无拘无束地阅读,在一种无干预的状态中阅读。阅读能让人在一生中始终保持好奇心和坚持性,而儿童的好奇心和坚持性的培养需要成人的支持和帮助。

---

[1] [美]斯蒂芬·克拉生.阅读的力量[M].李玉梅,译.乌鲁木齐:新疆青少年出版社,2012:1—3.

[2] 李家同.大量阅读的重要性[M].北京:中国人民大学出版社,2012.

2013年夏天，我带着41本绘本开始了新班级的家访活动。这是我来杭州任教的第一个班级，我依然坚守"阅读＋写作"的教育模式，所以，为了推广阅读，我带着书和微笑开始家访。在家访中，我特别关注每个儿童家庭的藏书情况、阅读环境及父母对阅读的看法。我惊喜地发现，家长们对于阅读的重视度越来越高，已经清醒地认识到阅读在孩子成长中的重要作用，他们肯定阅读的价值，期望孩子能多读书。但他们很少为孩子的阅读做出努力，一些家长反映，他们并没有专门的阅读方法，只是陪孩子一起看看。我将《朗读手册》《阅读的力量》和《我们班的阅读日志》等书推荐给了家长们，并期待和他们一起为孩子朗读起来。课堂教学时间毕竟有限，语文学科也还承担着本体性的教学任务，因此，如果家庭阅读开展得充分，孩子将获得更为长足的发展。

经过一个暑假的家访，41本绘本已经送完，看着每个孩子接到书时的欣喜，看到每个家庭听完家校阅读的重要性和可操作性后的肯定，我决定带领学生在学校设计"班级阅读史"，也尝试着推动家庭阅读，以期构建教师、孩子和家长共同参与的阅读共同体。

我期待着"立体阅读"能在教师、学生与家长之间建立阅读共同体，尊重每个个体的真实生长状态，以儿童喜欢的方式与他们相遇，以儿童喜欢的路径与他们交往，以儿童自主的需求给他们肯定，以阅读应有的道路进行教学，以阅读共同体的建构推动互学、互助、互补与促进，以此打开儿童的阅读"味蕾"，追求"量"与"质"的双赢、"读"与"品"的合修，为儿童成长奠基。

## 二　马老师的第一封信

亲爱的爸爸妈妈们：

见信好！我是接下来和你们手腕相助、共同陪伴孩子们成长的小马老师。孩子们从幼儿园走入小学学习，会有不少困难，让我们一起帮助孩子们慢慢适应。

作为父母，最幸福的事是什么？作为教师，最幸福的事是什么？这些问题且不论是真问题还是假问题，我曾试图去解答。一开始，认为孩子们毕业还能记得自己是最幸福的事情；后来，经过几年的历练与反思，觉得能给孩子们带来成长的快乐就是幸福。吕叔湘先生曾讲："同志们可以回忆自己的学习过程，得之于老师课堂上讲的占多少，得之于自己课外阅读的占多少。我回忆自己大概是三七开吧，也就是说百分之七十得之于课外阅读，课外阅读对语文课来说，绝不是可有可无的。"可见在人一生学习和发展的过程中，阅读起着极其重要的作用。之前家访的时候，我们聊了不少有关阅读的话题，爸爸妈妈们对阅读的关注让我非常欣喜，认为"读课外书就是读闲书"的家长已经极少极少了；但同时也了解到爸爸妈妈们在进行亲子阅读、培养孩子阅读习惯上存在困惑，有不少家长谈到自己忙于工作而无法与孩子沟通与交流的苦恼。这些都是实实在在的问题，也是我们的突破口。从孩子入手，问题的解决会简单很多！孩子们不喜欢总是当被动者，那就换位试试看！儿童阅读需要我们用心经营。我倡议开展"立体阅读"，在学校里，我们每天会在谈话课十分钟时间共读一个故事（一本绘本），孩子们会将故事带回家，讲给你们听，并和你们进行讨论，甚至说说读后感，第二天再把感受带回学校分享。以后读二、三年级时，孩子们还能写写读后感。这就是从学校到家庭、再从家庭到学校的"立体阅读"。我相信,长此以往,孩子们一定会乐于与您分享成长中的快乐点滴。与孩子建立自由沟通、和谐相处的关系,将是我们最大的幸福。

期待着您的加入,让我们一起阅读起来吧!

马迎春<br>2014 年

## 三　小学中段师生"立体阅读"实施手册

给爸爸妈妈上一节阅读课,究竟怎么上呢? 我们最初是这样实施的:孩子们回家给父母上大约五分钟的阅读课,内容是学校谈话课时间共读的故事;上课的形式由孩子们自己选择和设计,父母轮流当学生。

我和孩子们编制了"上课手记",将一日的学习生活内容罗列在"上课手记"中,家长在上面勾画即可。"上课手记"中的内容记录分为7项:上课日期、上课时间(几分钟)、上课对象、上课内容(阅读内容)、学生自评、家长评价和教师评价。

基本操作程序如下:学校共读——作业布置(学生树立每天上课的观念)——教师指导(整理上课内容,提醒阅读重点)——学生自评(自我监督完成情况)——父母轮流签字(家长监督)——学生课堂交流(教师得到家长反馈并在班级公开表扬)——学生在班会上交流当阅读"小老师"的心得——家长交流"做学生"的心得。

活动实施步骤看似简单,但需要注意以下几点:

其一,持之以恒。一年级没有书面作业,我将"给爸爸妈妈上一节阅读课"作为常规作业布置给学生,久而久之,"给爸爸妈妈上一节阅读课"就变成学生学习生活的重要组成部分。

其二,把握孩子们的天性,将严肃的学习活动与游戏相结合,与生活相结合。孩子们当阅读"小老师",家长们当"学生",以一种游戏的形式让孩子们对一天的学习生活进行整理。在"讲课"中,孩子们可以从心情、课程、学校生活等各方面进行讲说,在轻松活泼的环境中逐渐培养起"自省"意识,掌握知识建构方法。

其三，锻炼孩子们的演讲表达能力，弥补传统教学方式的不足。传统教育重书面写作而轻口头表达，在学校里学生虽有发言机会，但只是"点"上的口头锻炼，而此活动推"点"及"面"，让每个孩子都参与其中，是语文教学发展的新方向。我每天午睡前都会给孩子们讲一个故事，并提醒："孩子们，回家给爸爸妈妈上课时可别忘了讲这个故事哦！"这主要是利用"讲故事法"刺激他们表达的欲望。在孩子们学习拼音的时候，我将拼音编入顺口溜，让孩子们在游戏中一次次加快速度练习并布置作业："孩子们，回家以后看你们能不能把爸爸妈妈教会，而且教他们说得比你们还快哦！"孩子们总是跃跃欲试，十分兴奋，家长的反馈情况也很好。

其四，让家长走进孩子心灵。我要求孩子们每天找的"学生"不能重复，爸爸妈妈轮流当学生，"成长手记"由爸爸妈妈轮流签字点评。这样就给爸爸、妈妈与孩子交流、沟通学校生活创造了均等的机会，有效平衡了孩子与爸爸妈妈相处的时间，有助于跟孩子关系比较疏远的一方拉近与孩子的距离，走进孩子的日常生活和精神世界，从而更好地理解孩子的想法、孩子的思维逻辑和孩子的行为。

## （一）阅读中的书

2010年，朱永新教授领衔的新阅读研究所正式成立。2011年，在新闻出版总署（现为国家新闻出版广电总局）的支持下，新阅读研究所针对小学低、中、高段分别推出了"中国小学生基础阅读书目"，引起社会广泛关注。之后，国务院颁布《中国儿童发展纲要（2011—2020年）》，明确提出"为儿童阅读图书创造条件，推广面向儿童的图书分级制，为不同年龄的儿童提供适合其年龄特点的图书，为儿童家长选择图书提供建议和指导"。朱永新教授在《书香，也醉人》（海天出版社，2013）中系统地阐述了阅读推广中图书的选择标准和原则，即以真善美为中心、以儿童为中心、以故事为中心、以绘本为中心。新教育阅读研究所项目组编制了中国中小学生基础阅读书目100种，各中小学争相学习。

建立"班级阅读史"，除了要持之以恒，还要有明确的阅读目标和阅读内容。

### 1. 绘本的特点

首先,绘本"图文并茂"。图文并茂的绘本能激发儿童的阅读兴趣,发展儿童的语言能力,提高儿童的理解力。

其次,绘本的结构特殊。低段儿童的语言智能还未得到充分发展,需要建立一定的支架让其习得基本的语言表达方式。绘本经常采用重复的句式来发展儿童的语言智能。比如英国作家约翰·伯宁罕的《和甘伯伯去游河》,绘本的主体部分采用相同的版式:左边单色,右边彩色;相同的句式:XX 要上船,甘伯伯说:"行啊,不过你不要——!"在这样的重复中,男孩、女孩、兔子、猫、狗、猪、绵羊、鸡、小牛、山羊,都依次上了船,随着甘伯伯浩浩荡荡地出发了。儿童也在这样的重复中,熟悉了语言的使用。句式的重复运用赋予作品一种明快、简洁的节奏感,有助于儿童对语言的习得。同时,多次重复的结构呈现出一种有规律的变化。这种精彩的节奏感能让儿童体验到阅读的乐趣,期待着故事的发展与高潮。[1]

最后,绘本具有教育功能。"儿童与书"是 1997 年世界学前教育组织国际会议的主题。会议认为,早期阅读是使幼儿获得口语、使用书面语言的物质基础,它能提高幼儿的读写技能、文化背景,扩展他们的见识,使幼儿处于丰富的智力环境中,并激发其想象力和思维能力,促进学前儿童情感和社会化的发展。[2]河南教育学院毕凌霄认为绘本阅读能够发展儿童的语言能力,培养儿童的想象力、观察力和思维能力,增强儿童的审美意识,丰富儿童的情感。

### 2. 绘本的选择

并不是每个学生都能在一开始阅读优秀的童书时就沉浸其中。我们首先要针对学生的年龄特点和心理特点,为学生选择合适的童书。多数儿童图画书主题明确,并且围绕儿童的生活与情感,形成主题范畴。天长小学的窦桂梅、蒋军晶等老师都按照主题分类图画书进行经验推广,我们的"班级阅读史"在广泛参考主题式分类阅读的基础上,根据儿童成长过程中的偶发事件、特殊事件及时令节日进行日常阅读。在前人研究的基础上,根据本班儿童的心性,

---

[1] 夏平.儿童故事性绘本的版面节奏探析[J].编辑之友,2012(5):106—111.
[2] 郑荔.绘本对儿童成长的影响(下)[J].家庭与家教(现代幼教),2008(6):34—36.

我确立了以下四个选书原则。

一是清晰性。根据低段儿童的年龄特点、儿童身心发展的需求以及儿童语言智能的发展阶段,广泛参考名师、名校的必读与必选书目,力求挑选的书目尽可能清晰地展现出不同年龄段、不同性别的儿童的阅读需求。

二是经典性。所选书目以优秀的儿童文学作品尤其是优秀的绘本为主,既包含国内外获得"凯迪克大奖"等奖项的优秀作品,也包含一些重要的桥梁书及百科知识书。

三是实用性。从某种意义上来说,实用性是儿童文学作品特别要兼顾的,主要以整本书教学的方式,帮助儿童阅读最基本、最必要的经典作品,这些作品以教师引领、师生共读、班级读书会交流等形式来进行,且多以朗读和讨论的方式展开。经过慎重讨论、筛选,我确定了"1—3年级立体阅读书目",所选书籍皆为绘本。为了课内外操作方便,将"立体阅读"的书目打造成"数字图书库"(以PPT的形式),以便儿童回家"授课"。

四是情趣性。选择儿童成长需要的有情趣的绘本。对儿童而言,绘本不应当只是"有用的"或"有益的",还应当是"有趣的"。就像成人享受读书的乐趣一般,儿童读书也应该是一种享受。[1]

为了更好地发挥绘本阅读在儿童教育中的作用,既要为儿童选择合适的绘本,也需要家长和教师在阅读中加以引导,更要注重家庭教育和学校教育相结合。

(二)阅读中的人

**1. 教师的教**

(1)教师的教学方法

①发现教学的方法。杰罗姆·布鲁纳认为学生的认知发展遵循特有的认知程序。在阅读课堂和阅读活动中,学生不是被动的接受者,而是阅读文本材料的积极的信息加工者。[2]

---

[1] 毕凌霄.儿童绘本的教育功能探析[J].韶关学院学报(社会科学版),2013(7):139—142.

[2] 全国十二所重点师范大学教育学基础(第二版)[M].北京:教育科学出版社,2008:202—204.

②非指导性教学。卡尔·R.罗杰斯(Carl Ranson Rogers)认为,非指导性教学的本质在于促进,促进学生成为一个完善的人。作为美国人本主义心理学家之一,罗杰斯突出了情感在教育中的作用。其基本主张为:教育的目的在于激发学生学习的动机,发展学生的潜能,形成积极向上的自我概念和价值观体系,最终使学生能够自己教育自己。罗杰斯认为学生的认知过程与情感过程是有机的统一体。非指导性学习是一种实践,也是一种教学模式。它的理论假设为:每个人都有健康发展的自然趋向,有积极处理多方面生活的可能性,充满真诚、信任和理解的人际关系会促成健康发展潜能的实现。在阅读教学中,通过对文本中图画和文字组合的引导和分析讲解,传递出阅读本身的人文素养和人类精神与智慧,把学生的认知过程与情感过程当作有机的统一体,这种意义学习实际上就是一种非指导性学习。

③"阅读循环圈"[1]。"阅读循环圈"(见图1)是艾登·钱伯斯(Aidan Chambers)经过多年教学和研究总结出来的,已被广泛接受。钱伯斯认为,每一次阅读都是由一系列的活动组成的,每一个活动引导至下一个活动。但是阅读活动之间的关系并不是直线型的,而更像是一个循环圈,活动结束后又回到开始。

a. 选择。所有的阅读从选择开始,因此在开始阅读前,必须有足够的图书储备可供选择。但光有储备也是不行的,图书应该是可以接近的,不是束之高阁仅仅作为摆设的;图书还应该进行展示,以刺激读者的阅读兴趣。选择本身就是阅读活动非常重要的一部分。

b. "阅读"。这个引号是钱伯斯加的。他感觉很难在英文中找到一个准确的词语表达自己的意思,因为他试图强调,"阅读"并不等于拿着书,让印刷体的文字在眼前晃过这样的活动。他的"阅读"是指"把文字从书页中汲走"。"阅读"的反义词大概是"死读"。钱伯斯特别强调,阅读时间是阅读环境的四个最核心要素中的首要要素;阅读有听别人读和自己读两种方式,当然自己读是最终的目的。

c. 反应。阅读任何东西都会产生反应,文学阅读所引起的反应通常被描

---

[1] Chambers A.The Reading Environment—How Adults Help Children Enjoy Books[M]. NH:Stenhouse Publishing,1996:11-24.

述为"高兴""厌倦""激动""有趣""享受""狂喜"等。为了帮助孩子们成为有思想的阅读者,必须关注这样两种反应:

第一种是很欣赏某本书,希望能重新体验一遍快乐。往往表现为:渴望重读,或渴望阅读该作家的其他作品,或渴望阅读同类的作品。就这样,我们回到了"阅读循环圈"的起点,重新选择、重新开始。

第二种是很欣赏某本书,忍不住想找人聊一聊。我们希望其他人,特别是自己的朋友一起来体验。聊书通常有两种形式:非正式的闲聊和正式的谈话,比如课堂讨论。如果恰当引导,聊书能帮助阅读者的循环圈进入螺旋上升阶段。

d. 有能力的成年阅读者。如果能有一位值得信赖的、很有经验的成年阅读者帮助和示范,阅读者遇到的障碍就可以被克服,因此这个要素被置于整个"阅读循环圈"的中心。

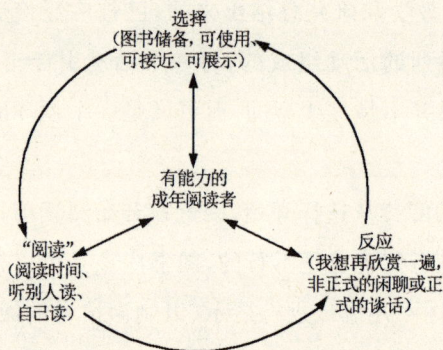

图 1　钱伯斯的"阅读循环圈"

钱伯斯并不否认阅读学习者之间相互学习的效果,但他认为"阅读既是艺术也是工艺",也就是说,仅仅去了解别人的经验是不够的,必须身体力行才能获得真知。因此,有能力、有经验的成年阅读者的帮助是必不可少的。

(2) 教师的教学准备

①教师须确保所推荐图书的专业性。面对庞杂的书源,教师该怎么向学生推荐呢?首先,对于所推荐的书,教师要尽可能自己读过,以便有针对性地做准备,譬如一些基本字音字义的准备、相关作者及内容背景的分析等;其次,在同类主题或展现同一问题的书中,综合考虑学生的年龄、性别、性格气质等,尽可能推荐具有代表性和多样化的书;再者,推荐图书的篇幅,一般字数在

1万字左右,不能太挑战儿童的注意力和记忆力,否则会让他们对阅读产生畏难情绪。

②教师须准备故事PPT。尽管纸质阅读依然是最值得提倡的,但班级共读中纸质书的阅读依然有不便之处,且成本太高,不适用于每日的大批量的阅读。

③准备"小马老师的开场白"。孩子们爱刨根问底,想儿童的问题,解答儿童的疑惑,激发儿童的探索欲得从"为什么要阅读这本书"开始。每天阅读开始之前,教师用简单的几句话说明的"何以为",是一种阅读不得不进行的强大说服力量,也是激发儿童阅读期待的有力策略。

④教师需确保一定的班级阅读时间。阅读时间可以是整块的,也可以是见缝插针的形式。在"立体阅读"长达3年的实施中,阅读时间基本上是可以确保的,即每天中午的15分钟谈话课时间(天长小学课表中固定的谈话课时间)。除了在学校的共读,教师还以口头作业的形式布置给孩子,让他们回家给爸爸妈妈上阅读课,每天5分钟。这样以口头作业的形式固定下来,既可以增强儿童的学习责任感,提高儿童阅读的自我效能感,相应的作业激励机制也可以提高儿童的阅读积极性。

(3)教师的教学流程

①"小马老师的开场白"。学校是师生共同的精神家园。在学校里,每天发生着很多故事。儿童和自然、同伴、社会、家庭、自我都在发生着这样或那样的故事,他们对世界充满好奇又不知道该如何解决。这个时候,送上一本可以"对症下药"的书,就是解决问题再好不过的锦囊。让学校成为孩子们共同的家园,需要教师善于发现故事、分享故事,从故事中发现有助于儿童健康成长的契机,然后再在阅读中润物细无声地交给他们成长的密钥。这样,在儿童的阅读记忆中,每一次困难都伴随着收获,每一次收获都伴随着成长……有师生共同的记忆,有值得留恋的故事,学校才成其为"家园"。

在一定意义上可以说,学校是一个"想象的共同体"。教师要做的,就是成为一个有心人,去发现儿童成长过程中的秘密,去解读他们,然后找出合适的书,慢慢地、细细地读给他们听,让他们不安的心变得平静,让他们在安全的环境中自然地生长。

在给儿童讲述每本绘本之前（或者读每个故事之前），我都会展开一段脱口秀，偶尔三言两语，偶尔长篇大论，我将它命名为"小马老师的开场白"，希冀自己成为一个好的叙述者，成为一个对生活敏感的人，不仅要敏锐感知儿童的生活点滴，而且也对自己的生活有一颗敏感的心。

就在回忆和记录"小马老师的开场白"过程中，我重新理解了刘小枫《沉重的肉身》中所说的"对生活的敏感只是成为叙事家的充分条件，而非必要条件"，讲故事更需要一种"编织言语织体"的能力，需要深入生活，感受"生活隐喻层面中微妙的音色"。[1]

②故事朗读。以儿童最喜欢的方式，让故事与他们相遇。我采用朗读法，让故事完整地与儿童见面。朗读法又分为连贯法与断点法，连贯法即教师从头到尾完整讲述，断点法即师生交叉配合朗读，譬如：

### 《最奇妙的蛋》立体阅读

师：今天，小马老师给大家带来更有趣的故事，叫《最奇妙的蛋》，是德国赫姆·海恩先生写的故事。什么样的蛋可以称为奇妙的蛋呢？带着这个问题，我们来听听故事吧！

师：从前，有三只母鸡住在一起。它们分别是圆圆、琪琪和毛毛。到底谁是圆圆？谁是琪琪？谁是毛毛？为什么？

生：她是圆圆，因为她身上有小圆圈。

生：她是琪琪，她都倒下来了。

师：她都倒下来了，是说从下往上倒着看所以很奇怪。谁是毛毛？

生：她是毛毛，因为她的头发有很多毛。

师：我们读书既要看图，还要读文字，文字和图要一起对比着看。这三个小伙伴有一天"咯咯咯"地吵个不停，都说自己是最漂亮的母鸡。瞧，这是——

生：圆圆。

---

[1] 刘小枫.沉重的肉身[M].北京：华夏出版社,2007：233.

师：圆圆说："瞧我的羽毛多么漂亮。"琪琪说："瞧我的腿多么细长。"我们的毛毛说："瞧，我的鸡冠多么闪亮，红红的像一团火焰在燃烧。"到底谁是最漂亮的母鸡？

生：三个都很漂亮，很公平。

生：毛毛。毛毛头上的冠很像女王的王冠。

生：每个鸡都有特点，谁做得好，就给谁。

师：因为吵不出结果来，于是她们想请教国王。她们跑到母鸡国王的住所。国王说："你们会做什么？你们会做什么比你们长得好不好看重要多了。你们三个谁能下出最奇妙的蛋，我就封谁当公主，那一只母鸡就是最漂亮的母鸡。"圆圆用嘴梳理羽毛，蹲在湿漉漉的草地上，它准备干什么呢？

生：下蛋。

……

③问题探究。儿童自主讨论、交流在阅读绘本故事中遇到的困惑或问题。

④作业布置。回家给爸爸妈妈上一节故事课。

⑤回馈评价。第二天进行一分钟的"上课剧"展示。

**2. 学生的学习过程**

（1）猜想

看到书的封面或者听到"小马老师的开场白"后，猜想绘本的大致内容，或者聆听已经阅读过此绘本的孩子同伴的读后感。

（2）听读

认真倾听教师朗读或者同伴朗读绘本内容，并在他们停下来的时候适时进行朗读补充，以保持注意力及良好的互动。

（3）回忆

认真倾听教师朗读或者同伴朗读图书内容后，静思一分钟，进行内容回忆，以巩固印象。

（4）交流

全班交流，提炼、深化阅读的感悟。思考教师提出或者同学提出的一个关键性问题。

（5）授课

儿童给爸爸妈妈上一节阅读课，可配合 PPT 朗读讲述，也可通过表演、讲故事等方式演绎故事内容。

（6）亲子交流

儿童在给爸爸妈妈上完阅读课后，针对感兴趣的内容或者话题与爸爸妈妈进行深入沟通。

（7）读后感

儿童以口头或者书面的形式完成读后感。

（8）反馈

第二天到校向老师同学反馈在家"授课"状况。

（9）"阅读地图"表达阅读史和阅读观

在"阅读地图"的绘制中，孩子可以通过回忆自己的阅读情况，和同伴分享自己的阅读史，了解对方的阅读记忆、阅读理解与层次，从而达到互相交流、彼此激励的目的。儿童在绘制"阅读地图"时，并不是简单地罗列或堆砌，他们会有自己的创意、对话题的理解和他们对阅读本身的理解。

通过带有历史感和仪式感的"阅读地图"，让孩子们在绘制的过程中多体验与思索，产生幸福感与成就感。

**3. 家长的配合**

（1）为什么阅读需要家长的参与？

钱伯斯在《告诉我——孩子、阅读和谈话》一书中提到了促进学生阅读的关键人及其作用："阅读环境"不只是指进行阅读的时间、地点、位置、设施、布置、人群、氛围等这些外在的因素，还包括我们——引导孩子的成年阅读者与孩子的态度，以及影响态度的相关因素。

（2）家长在"立体阅读"中的角色

人与人的关系必须建立在共通的体验和促进双方了解与心灵沟通的共通的语言上。绘本阅读提供了这种共通的语言和体验媒介，它能够很好地帮助家长和教师教授儿童知识和分享情感。所以，在"立体阅读"实践中，一定要注意将家庭教育和学校教育有机地结合起来。

（3）家长们的小建议

我们家孩子读书的时候，注意力老是不集中，一会儿上厕所，一会儿吃东西。自从当了"小老师"后，看到我们听得不认真，立即就要批评我们，慢慢也开始懂得注意力要集中，看样子要让他成为好学生，我们家长先要成为好学生。

——豆豆妈妈

孩子一开始还有点害羞，因为记不太清楚而讲不出太多绘本的内容，于是我们家长主动提议看看PPT，这样就缓解了孩子的尴尬，后来她也就知道在学校听课的时候要更认真，才能成为一个名副其实的老师！

——琪琪爸爸

孩子上幼儿园的时候，总是要我读书给他听，不读就不看书。现在好了，老师的作业就是让孩子读书给我们听。孩子有了主动权，能当"小老师"向我们提问，他更加开心了！

——玮玮妈妈

我们在读书中彼此解疑，拉近距离。而作为教师，我不仅夸奖孩子在阅读中取得的进步，更肯定家长的付出。

（三）阅读中的关系

**1. 班级阅读**

在群体中成长，是一个人成长为健康人、社会人的必经之路。怎样让班级里每一个学生都能在童年时光里快乐地汲取书中的智慧，成为一个爱阅读的孩子？班级阅读是关键。班级阅读是学校推进学生阅读的主要手段和主要阵地。最佳的阅读状态是把阅读作为生活的方式和内容，应该是日常的，是耳濡目染的。

（1）制订阅读计划

开学初，师生共同制订阅读计划，统筹安排系列阅读活动。

在阅读活动中，不仅可以关注节气、活动，还可以结合各学科的重难点，譬如语文中的专题阅读。

（2）巧用书架

班级里有两个书架，一个在教室前门口，一个在教室后门口，像两个守护神,守护着儿童的阅读生活。每天进班级,孩子们随手拿起一本书,便开始乐滋滋地阅读;每天下课出教室,又顺手拿一本书,无忧无虑地阅读。相当一部分共读过的绘本(图书),我们都购买了一本放在书架上,以便孩子们温故而知新,在遇到同样的困惑时重读、解惑。

(3) 定期推广

儿童自制海报进行图书推广。

(4)"交往驿站"

儿童遇到亟须解决的问题时,可将问题贴在"交往驿站"上,其他同学推荐阅读书目。一些同学关注到班级里近期发生的一些现象,也会将建议购买的图书写在贴纸上,贴在"交往驿站"区域,给教师提供参考。

**2. 师生阅读**

(1) 师生在阅读中的关系

学生是"立体阅读"的中心,他们通过阅读创造个人的世界,发挥个人的潜能,提升学习的兴趣。学生在阅读的过程中,运用各种策略,在与教师、同学的讨论及磋商中,学会分享与创作。在阅读过程里,学生不只是知识的消费者,更是知识的生产者。

在"立体阅读"中,教师的角色由课堂的主导者变成辅助学生的促进者,他们成为学生学习的中介人。教师需要确认每个学生的能力及潜质,了解个体差异,为学生营造一个有利于语文学习的环境,让学生有效地学习。教师同时扮演研究者、学习者、教育者和分享者的角色。

(2) 师生阅读的策略

师生阅读的策略包括你说我猜、你问我答、你停我接、你读我演、你我同思。

(3) 师生各读有所得

读了一本书,我们从不同的角度去谈自己的收获:你从儿童视角谈感悟,我从成人视角谈收获;你从学生视角谈所得,我从教师视角谈所思……就像东南风遇上了西北风,我们互相碰撞,然后下起了甘露,我们拼命吮吸,相视而笑,互相成长。孩子们的话匣子打开了,教师的话匣子也打开了,有时温暖同行,有时唇枪舌剑,互相了解,互通信息,不知不觉中阅读能力就得到了提升。

### 3. 亲子阅读

（1）"立体阅读"中的亲子关系

在"立体阅读"中，家长的角色发生了变化，他们由学生的监督者变成了学习同伴。家长在"立体阅读"中体会学习者的乐与苦，从而更加了解儿童，改善亲子关系。

在"立体阅读"中，孩子们也更有规则意识，能够在当"小老师"的过程中发现自己的不足，体会父母对自己的爱，从而更感恩父母的付出。

（2）亲子阅读策略

亲子阅读策略包括家长耐心倾听、善做回答者与发问者、及时给予孩子鼓励等。

（3）亲子共读，体验温情

爸爸妈妈们做学生越来越投入，亲子间流淌的情感因书香而更加动人。爸爸妈妈们的专注给孩子们带来了莫大的惊喜，孩子们温暖的童声也让家长沉醉其中。

孩子们可以是阅读的主角，并且是阅读推广的主角，这是多么美妙的一件事情！

2016 年 9 月

# 实践篇

"立体阅读"建构阅读学习共同体

# 新生一年级：读《大卫,不可以》

9 月 9 日

### 小马老师的开场白

开学啦! 孩子们,你们都是小学生啦,不再是幼儿园的小屁孩了! 祝贺你们! 长大,我们需要知道什么时间做什么事,来听听大卫的故事吧! 你读懂了,或许就能更快地适应小学生活啦!

### 故事导读

从前,有一个调皮淘气的小男孩,叫大卫。大卫有一个椭圆形的大脑袋,长得很瘦小。他有 6 颗稀稀落落的牙齿,眼睛很小,一高一低两道眉毛,活脱脱像小朋友们熟悉的"蜡笔小新"。大卫经常做一些淘气的事,让妈妈哭笑不得,很是头疼。比如,大卫搬来一把椅子,他踮起脚踩在椅子的边缘,身体倾斜着,一手抓着壁橱,一手伸得老长,去够妈妈放在壁橱顶端的饼干桶……究竟大卫还做了哪些淘气事呢?

### 🍃 精彩片段

"我的作业被小狗吃掉了！"大卫惊呼。

"天哪！大卫，不可以！"妈妈惊呼。你看，站在客厅里的大卫，头上、脸上、手上、腿脚上糊满了黑乎乎的泥巴，头上的泥巴上还插着几根草和两朵小蘑菇，糊在腮帮子处的泥巴上居然有一个长尾巴的虫子，腿上长着草，脚上插着小树枝。真的是头上长角，身上长刺，简直是一个"小怪物"。可大卫还是一脸无辜的样子。

### 🍃 微点评

我也经常像大卫一样，但我现在知道了，有些事不能做！

大卫真是一个淘气、爱搞恶作剧的小男孩，但是我喜欢！

我的妈妈也总说"不可以"，但我知道这都是因为爱我！

### 🍃 阅读策略

大卫有什么特点？妈妈又有什么特点？

大卫：一个淘气、爱搞恶作剧，让小朋友喜欢、让家长头疼的小男孩。

妈妈：一位话语简单、严厉甚至有点粗暴，但内心充满温情和浓浓的爱的母亲。

### ✎ 亲子分享

孺蕃：妈妈，大卫真是一个捣蛋鬼。

妈妈：为什么这么说？

孺蕃：大卫偷吃糖果，还在洗澡的时候浪费水，上课也不知道先举手再发言……

妈妈：其实，大卫虽然很让妈妈头疼，但也给妈妈带来了快乐。

孺蕃：妈妈，我今天在学校里也和同学发生了不愉快的事，和大卫一样，还被批评了。

妈妈：哇，你很诚实哦！知道错了就好，妈妈还是很爱你。

### ✎ 读后感

　　大卫真是个捣蛋鬼，他在墙壁上随便乱写乱画，把浴室变成一片沼泽地，头戴铁锅敲得叮当乱响，还偷吃糖……但是，大卫也很可爱，他会认错，还会帮助同学。小马老师说我们男孩子都像大卫，但我觉得我没有大卫那么顽皮。

——杭州市天长小学　李孺蕃

　　（图片来源：［美］大卫·香农/文·图，余治莹/译：《大卫，不可以》，河北教育出版社 2007 年版。）

# 带着小毯子的我们：读《阿文的小毯子》

9 月 12 日

### 小马老师的开场白

开学了，真的有点不适应，有的小朋友把生活里喜欢的玩具带进了课堂……

你知道"恋物癖"吗？小时候你迷恋过某一样东西，很长时间都舍不得放手吗？小时候总有一些东西伴随着我们成长。

让我们一起去看一看《阿文的小毯子》这本书吧！对了，忘了告诉大家，阿文是一只小老鼠哦！

### 故事导读

这是一只叫作阿文的小老鼠的故事。阿文有个习惯：无论是走路、吃饭、睡觉还是和其他小朋友玩耍，都一定要带着他心爱的小毯子。有小毯子陪着阿文，他心里就很安稳，也不会整天都黏着妈妈和爸爸。但是，他慢慢长大，上小学了，仍然不能离开小毯子。阿文的妈妈和爸爸觉得要改变这种状况，既不能让阿文过分地依赖小毯子，又不能让阿文感觉失去了小毯子，怎么办呢？终于，妈妈、爸爸和阿文商量好，把小毯子剪下一块做手绢，这样，阿文依然可以带着他的"小毯子"，但也能很好地与同学相处，适应学校的生活了。

### 🖊 精彩片段

妈妈说："乖，不要哭。"
爸爸说："我们再想想看。"
忽然，妈妈大叫："哎呀！我想出办法了！"

手绢儿做好了，妈妈教阿文念："小手绢儿，一大堆。擦擦眼泪，擦擦嘴。"
阿文高兴地说："万岁，万岁，万万岁！"

### 🖊 微点评

我不怕一个人睡觉！我最爱上学了！我长大啦！

我老爱抱着松果，我有我的想法！

我也有一个毛线球，它是最让我有安全感的"东西"，更是我亲密的"朋友"！

### 📎 阅读策略

为了让阿文不依赖小毯子，阿文的爸爸和妈妈想了多少种办法？

### 📎 亲子分享

"今天的故事是什么？"妈妈迫不及待地问。

"别着急！"启赫不紧不慢地回答道："今天的故事是《阿文的小毯子》。妈妈，讲故事之前，我想采访你，你有没有从小到大都舍不得扔掉的东西？"

"这又是要什么招？"妈妈百思不得其解，"当然有，我有一个装硬币的铁盒子，现在还在书桌里放着呢！那可是我的'第一桶金'！"

"哈哈，原来妈妈小时候就是个'小财迷'啊！《阿文的小毯子》讲的是一只小老鼠有一块小毯子，舍不得扔……"启赫滔滔不绝地讲开了。

爸爸忍不住发问了："为什么小老鼠会有一块小毯子呢？而且还这么像你的小毯子！"

"爸爸，你的问题真奇怪！这你就要去问小老鼠自己了！"启赫双手一摊，表示没有办法。

### 📎 读后感

《阿文的小毯子》真是一本非常有趣的童话故事书，我一口气读了一遍又一遍。我觉得自己就像阿文：他很依赖他的小毯子，不管去哪里都带着小毯子；我很依恋我的猴子玩偶"阿豆"，睡觉时总是要看到它在床上才能睡得好。可这次军训时，我不能带"阿豆"去了，虽然我很伤心，可我还是坚持下来了，而且还记了个三等功哦！我和阿文都长大啦！

——杭州市天长小学　杜启赫

（图片来源：［美］凯文·亨克斯／文·图，方素珍／译：《阿文的小毯子》，河北教育出版社 2014 年版。）

# 关注世界　关爱生命：读《月亮，生日快乐》

9 月 15 日

### 小马老师的开场白

经常有小朋友问小马老师："小马老师，你知道我的生日吗？""小狮子"的生日在中秋节，还有谁的生日也在中秋节呢？没错，就是日日陪伴我们的月亮。我们祝福"小狮子"生日快乐，也祝可爱的月亮生日快乐。有一只可爱的小熊，他也想和我们一样，祝福月亮生日快乐。

### 故事导读

小熊喜欢月亮，他想送给月亮一份生日礼物。但是，小熊不知道月亮的生日是哪一天，也不知道该送什么才好。于是他来到山顶和月亮交谈，决定送月亮一顶帽子……乐观积极的小熊真诚无邪地交友，他能和月亮成为好朋友吗？

### 精彩片段

"嗨！"
"告诉我，你的生日是哪一天？"
"嗯，我的生日刚刚好就是明天耶！"
"你想要什么生日礼物呢？"
"我想要一顶帽子。"
"再见了。"

### 微点评

月亮生日快乐！太阳生日快乐！星星生日快乐！……

我们要学习小熊，关心大自然！

小熊实在是太笨了，连回声是自己说的话都不知道！但笨得可爱！

### 阅读策略

小熊是怎么把帽子送给月亮的？

🍃 **亲子分享**

王梓：妈妈，小熊真的很会观察。

妈妈：小熊怎么会观察啦？

王梓：月亮肯定是会动的，一开始月亮还没升起来，后来就升得高高的了。所以小熊会把帽子挂在高高的树梢上，等着月亮。

妈妈：王梓老师真会读书！我觉得小熊还很有毅力！

王梓：妈妈是怎么读出来的？

妈妈：因为小熊会跑到山那边、海那边去找月亮说话呀！

🍃 **读后感**

《月亮，生日快乐》里的小熊真是个会关心人的小熊。他想和月亮说话，于是翻越群山、渡过小河，想靠近月亮。最后，小熊想到了送一份礼物给月亮，就可以让月亮喜欢自己了。于是，小熊去买了一顶帅气的帽子，还想办法爬树上给月亮戴上。小熊爬啊爬，爬啊爬，最后月亮终于戴上了帽子。第二天，小熊起床后发现自己门口有一顶一模一样的帽子，小熊觉得一定是月亮送给自己的礼物，可惜帽子被风吹走了。小熊把帽子弄丢了，于是急急忙忙去找月亮道歉，月亮说："我还是一样喜欢你！"

我很喜欢小熊，他很渴望交朋友。他还能想到跟月亮交朋友，真神奇！小熊也很有交朋友的办法，知道要送一顶帽子给月亮。月亮还把帽子也送给了小熊，这应该就是妈妈说的"礼尚往来"吧！我曾经也把自己最喜欢的橡皮送给同学，想和她交朋友！我的朋友也送给我很有意思的自动铅笔！

——杭州市天长小学　陈以诺

我很喜欢《月亮，生日快乐》，小熊很勇敢，能克服困难去找到月亮。但是，我有些地方没读懂，小熊送给月亮的帽子和月亮送给小熊的帽子怎么是一模一样的呢？我真的没想明白，如果你想明白了，能告诉我吗？

——杭州市天长小学　吴俊岙

（图片来源：[美]法兰克·艾许/文·图，高明美/译：《月亮，生日快乐》，少年儿童出版社2006年版。）

# 妈妈的辛苦：读《让我安静五分钟》

9 月 16 日

### 小马老师的开场白

　　孩子们，昨晚我接到一位妈妈的电话，说回家以后孩子写作业动不动就要问妈妈，妈妈连晚饭都做不成。妈妈从早到晚陪着孩子，当她想安静地做一会儿自己的事情，或者仅仅是安静地休息一会儿时，会发生什么事呢？让我们来读一读《让我安静五分钟》，看看书里的庞太太能不能好好休息一会儿吧。

### 故事导读

　　一个早晨，象妈妈庞太太想自己安静地吃喜欢的面包、喝茶、看报纸、泡澡，可是——庞太太有三个孩子，于是，她被包围了。他们想和妈妈一起吹笛子、念故事、玩玩具、泡水、看漫画、吃蛋糕……可怜的庞太太要怎样才能安静五分钟呢？你能帮她想想办法吗？

🍃 **精彩片段**

　　"我吹笛子给你听，好不好？"莱斯特问。 庞太太睁开一只眼睛，说："你一定要吹吗？"

　　"我一直都在练习呢，"莱斯特说，"是你叫我练习的。可以吗？拜托啦，一分钟就好。"

　　"那就吹吧。"庞太太叹了口气。

　　于是，莱斯特开始吹了。他把《小星星》这首曲子吹了三遍半。

　　萝拉进来了。"我可以念一页故事给你听吗？"她问。"不行，萝拉，"庞太太说，"出去，你们都到楼下去。"

　　"你都让莱斯特吹笛子了，"萝拉说，"我听到了，你比较喜欢他，不喜欢我，这不公平。"

　　"没这回事，萝拉，"庞太太说，"好吧，你念吧，不过只能念一页哦。"

　　于是，萝接开始念。她把《小红帽》这本书念了四页半。

　　最小的弟弟抱着一堆玩具进来了。"给你！"他笑着，把玩具一股脑儿全都丢进水里。

　　"谢谢你，小宝贝。"庞太太有气无力地说。

　　"我可以看报纸上的漫画吗？"萝拉问。

　　"我可以吃那个蛋糕吗？"莱斯特问。

　　"我可以和你一起泡水吗？"小弟弟问。

　　庞太太发出"噢——哦——"的无奈叹息声。

　　最后，三个孩子都跳进浴缸了。小弟弟太着急了，连睡衣都忘了脱。

🌿 **微点评**

我要多做家务,给妈妈放假!

象妈妈好忙好累,我想抱抱象妈妈!

小象们其实很爱象妈妈,只是太小了!

🌿 **阅读策略**

孩子们的捣蛋计谋真是层出不穷啊!庞太太的"安静休息"被打断了多少次?是谁用什么打断的呢?

第一次:＿＿＿＿＿＿＿＿　第二次:＿＿＿＿＿＿＿＿　第三次:＿＿＿＿＿＿＿＿

| 捣蛋工具 | | | |
|---|---|---|---|
|  |  |  |  |

🌿 **亲子分享**

香香:今天我给爸爸妈妈讲一个《让我休息五分钟》的故事。故事是这样的:孩子们正在吃早餐,这可不是让人看了会开心的一幕……"因为我想自己一个人,安静五分钟。"庞太太说,就是这样。故事讲完了。

爸爸(哈哈大笑):我们家也是这样的嘛,小香就是个跟屁虫,妈妈走到哪里都跟在后面不停地叫妈妈,一天叫上百声,妈妈不得安宁。

妈妈(嘿嘿直笑):没错没错!

香香:我哪里有那么调皮啊,我,我,我不吵的,我就是有点烦,哈哈哈哈!

爸爸妈妈:哈哈哈哈……

🌿 **读后感**

这本书里的小孩好调皮啊!连我这种很有耐心的人也想骂他们了。

我看到庞太太在浴缸泡澡时,真想跳到书里和她一起泡。这时候她一定超级希望享受一下安静的时光。可是，三个孩子不停地请求："我吹笛子给你听好不好？""我可以念一页故事给你听吗？"我想和庞太太一起泡澡的想法马上就像泡沫一样破碎了。庞太太"噢——哦——"地叹气，感觉真无奈呀！

我想起自己也是个吵人的"跟屁虫"呢，妈妈要看书时我喊"妈妈！妈妈！"妈妈想逛逛街时我喊"妈妈！妈妈！"……

当妈妈真不容易啊！

——杭州市天长小学　陈沐赟

（图片来源：［美］吉尔·墨菲/文·图，李紫蓉/译：《让我安静五分钟》，河北教育出版社2009年版。）

# 保护牙齿有方法：读《牙齿大街的新鲜事》

9 月 20 日

### 小马老师的开场白

今天是"全国爱牙日"，牙好，胃口才好！你的牙齿还健康吗？看完《牙齿大街的新鲜事》这本图画书之后，聪明的小朋友们肯定会知道，怎样做才能不让哈克和迪克这样的小东西在我们的嘴巴里干坏事！

### 故事导读

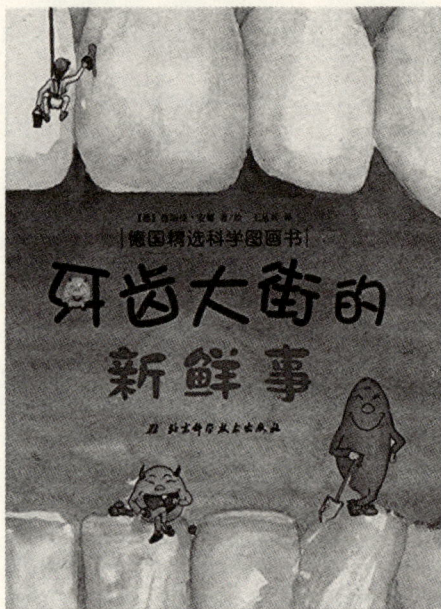

哈克和迪克这两个小东西看起来古灵精怪，其实是两个野心勃勃的"危险分子"——他们在牙齿上挖洞建房，不仅要修建自己的舒适小窝，还梦想着修建可以出租的豪华公寓……就在他们的梦想快要实现的时候，一把大刷子带着很多警察出现在了牙齿大街上。哈克和迪克贮藏的粮食几乎被一扫而空。更可怕的事情还在后面：一个巨大的钩子从天而降，伸向了哈克和迪克的家……哈克和迪克的命运将会怎样呢？那些警察是从哪里来的呢？牙齿大街还能恢复往日的平静吗？

✎ **精彩片段**

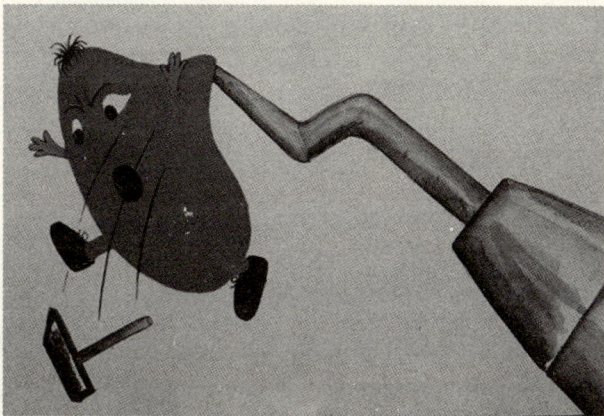

　　哈克顿时暴跳如雷，他气急败坏地用锤子敲着牙，边敲边喊："谁也不能阻止我们扩建牙齿大街！我们要把每一颗牙都蛀空！一切都是属于我们的！"就在他发疯般地敲打牙齿时，又伸进来一个钩子。哦！狂躁的哈克也被吊走了！

✎ **阅读策略**

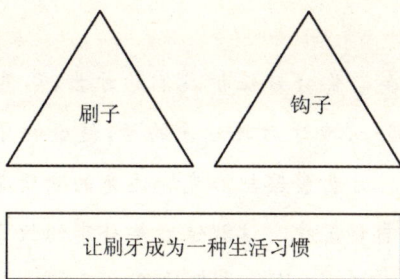

刷子

钩子

让刷牙成为一种生活习惯

哈克和迪克捣蛋记——哈克和迪克被吊走了。

✎ **微点评**

我最喜欢吃巧克力和糖果了，幸好还没有"龋齿大街"！以后得少吃点。

我的牙齿里是不是也住着哈克和迪克？好可怕！

我每天早晚都刷牙，而且要刷200下以上！

### 🍃 亲子分享

旸旸：爸爸妈妈，你们小时候有过蛀牙吗？

妈妈：有啊，蚜虫把我的牙齿都吃掉一半了，最后那一半就像扇子一样摇摇晃晃，你的外婆就拿根线绕着它，使劲一拽，拔了下来！

爸爸（自豪地）：我小时候没有蛀牙，天天刷牙还是很有效果的哦！

妈妈：牙齿是身体宝贵的一部分，我们一生有两副牙齿，小时候的牙齿叫乳牙，八九岁的时候开始换牙，那叫恒牙，之后如果还有蛀牙，牙齿就永远回不到原来健康的程度了。所以我们要好好保护我们的牙齿，少吃糖果、饭后及时漱口、一天早晚两次刷牙等，这样，就可以让我们的牙齿永远不会受到哈克和迪克的侵蚀，永远是健康的、棒棒的！

### 🍃 读后感

这本图画书把我们牙齿生蛀虫的过程用一个有趣的故事说完整了，真有意思。读完了，我也懂得我们为什么会长蛀虫，以及牙齿长了蛀虫我们应该怎么做了。

读完故事，我想：我们要好好保护我们的牙齿，尽量少吃糖果，因为牙齿是我们身体宝贵的一部分，换牙后再蛀牙的话，健康的牙齿就再也回不来了。而且，我们不能做坏事。牙齿警察把哈克和迪克的食物都清理完了，哈克和迪克还不善罢甘休，最后自讨苦吃。这就像亡羊补牢的故事一样，一个人的羊圈破了，别人跟他说了他还不补，最后羊都被狼吃了！哈克和迪克也一样，因为屡教不改，所以最后被牙医给吊走，冲到下水道里去了。

——杭州市天长小学　陈沈旸

（图片来源：［德］鲁斯曼·安娜/文·图，王从兵/译：《牙齿大街的新鲜事》，北京科学技术出版社2011年版。）

# 不一样又怎样：读《小蝙蝠德林》

9 月 23 日

## 小马老师的开场白

同学们，你们慢慢会发现，"倒霉熊"和大家有点不一样，吃饭的时候，他用的是左手；写字的时候，他用的也是左手；做操的时候，他好像总是左右不分……这是因为，他和我们有一点点不一样，他是左撇子。所以，他的生活方式、做事习惯就和我们有差别。

## 故事导读

小蝙蝠德林是一只善良的蝙蝠、一只充满爱心的蝙蝠，也是一只不守常规的蝙蝠。别的同伴都是倒挂，只有他是正立的。可是，在大家都倒立的蝙蝠世界里，他的正立反像是"倒立"了。所以，在读这本图画书时，画面常让我们产生疑惑：究竟哪是正哪是反啊？怎么树梢上的月亮反而在脚下呢？怎么草丛和蝴蝶反而在头顶呢？一切都反了，这是一本正着、倒着都能看的图画书哦！

✿ **精彩片段**

小德林的奶奶觉得，小德林一定会成为玩悠悠球的高手。

因为奶奶练了一辈子悠悠球，到现在都没练好呢。小德林就不一样了，他总是把悠悠球玩得溜溜转。

大家都知道，蝙蝠们不飞翔的时候，都喜欢脑袋朝下倒挂着。

可是，只有一只小蝙蝠不这样呢。小德林和小伙伴们不一样，小德林可以立在树枝上喂小鸟，小伙伴们却不能。

小德林和小伙伴们不一样，小德林可以立在电线上放风筝，小伙伴们却不能。

小德林和小伙伴们不一样，小德林可以立在树枝上玩悠悠球，小伙伴们却不能。

✿ **微点评**

他真特别！但大家都很欢迎不一样的小德林！

真是不走寻常路的小德林！

倒着看书也很有趣！从不同的角度思考问题，世界都会不一样！

### 📖 阅读策略

1. 你发现小德林与其他小伙伴们有哪些不同？（请运用便利贴，将找到的不同处贴上便利贴，并写出其他小伙伴是怎样的。）

2. 将书倒立过来自读一次。比较正读与倒读，你更喜欢哪种？为什么？

正　　　　　　　　　　反

### 📖 亲子阅读

倒霉熊：妈妈，今天的故事主人翁和我很像。

妈妈：啊，为什么？和你一样，胖胖的？

倒霉熊：不是，是和我的情况很像。这个故事叫《小蝙蝠德林》，讲了小德林是一只不会倒立的蝙蝠，他和其他蝙蝠不一样，但他会做很多事情，比如……

妈妈：这个故事真有趣，也很感人。

倒霉熊：是啊，故事的最后，德林妈妈把一个深深的晚安吻印在了小德林的屁股上，说了句"你是最棒的!"我就很感动。

妈妈：宝贝，虽然你是左撇子，但你也是最棒的!

### 📖 读后感

蝙蝠除了飞翔，大部分休息的时间都是倒吊着的，因此在他们的世界里，正与反是相反的。小德林在蝙蝠的家族里是最特别的，因为他不像其他的蝙蝠一样是倒吊着的，而是和其他的动物一样，站立着生活。所以，蝙蝠们都觉得他很特别，都不能理解他为什么每天都"倒立"着生活。

但无论是倒立着，还是站立着，小德林每天依然生活得很充实：帮助乌鸦妈妈照顾小宝宝，帮助维丽找回球，立在电线上放风筝……他是那么的成功。

一开始我很不理解为什么要学书法，后来跟着妈妈看了很多次书画展，我发现，学会书法看到的世界是不一样的。在我们的生活中，我们也有太多的东西看不惯，有太多的事情难以理解，这也许正是和蝙蝠的世界一样。因此，我们也不妨和小德林一起，换个角度看世界，就像课文《画杨桃》里写的那样，从不同的角度去思考问题，就会得到不同的答案。

——杭州市天长小学 叶恬恬

（图片来源：［德］安缇耶·达姆文／文·图，刘海颖／译：《小蝙蝠德林》，湖北美术出版社 2009 年版。）

# 你就是你，我就是我：读《小蓝和小黄》

9 月 26 日

### 小马老师的开场白

我们每个人都有自己的特点，不同的人带着自己的特质来到班级这样一个大家庭，交往着、互动着，互相学习、彼此帮助，一起仰望星空，一起脚踏实地，一起哭一起笑，在彼此交往中遇见新的自己。就像小蓝和小黄，慢慢走入你中有我、我中有你之境。

### 故事导读

小蓝和小黄是好朋友。有一天，小蓝的妈妈要去买菜，叫小蓝一个人看家。小蓝去找小黄玩，但怎么也找不到小黄。两个好朋友后来好不容易碰面了，他们紧紧地拥抱在一起，没想到他们却发生了变化。小朋友猜一猜，这对好朋友发生了什么有趣的事情？

小蓝和小黄

文·图/李欧·李奥尼
译/彭懿

明天出版社

🍃 **精彩片段**

> 又是抱又是亲。

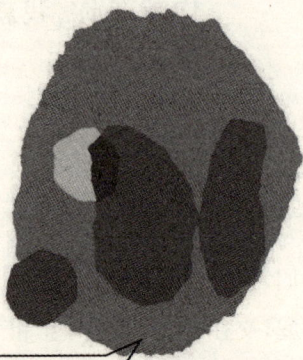

> 他们也抱了小黄……
> 但是，快看……他们变绿了！

🍃 **微点评**

我也喜欢交朋友！

原来抱一抱的感觉这么好！小蓝和小黄一抱，真有神奇的事发生！

真有冒险的勇气！还好爸爸妈妈们还认识他们！亲情是永不变的！

🍃 **阅读策略**

小蓝和小黄拥有两种不同的颜色，他们两个拥抱在一起会变成什么颜色呢？

( )  ( )    ( )

### 🖋 亲子分享

"妈妈,今天的故事可神奇了!"雅淇开心地说道。

"怎么神奇?"妈妈好奇地问道。

"妈妈你可要仔细地听哟! 我现在要讲的这个故事,主角是两种颜色!"

"颜色也能做主角? 这可真神奇!"

"从前,小蓝和小黄是好朋友……"雅淇娓娓道来。

"没想到小蓝和小黄拥抱在一起,能发生这么大的变化!"妈妈感叹道。

"是的,他们拥抱在一起就变成绿色。"雅淇答道。

"其实,大人们拥抱在一起也会变成绿色,所以绿色是快乐时所产生的颜色。这真是一个幸福的故事。"妈妈若有所思地说。

"哦——那现在我和妈妈也是绿色的。"雅淇笑着说道。

"我们正幸福着呢!"妈妈摸着雅淇的头说。

### 🖋 读后感

读完《小蓝和小黄》,我觉得我很像那个小蓝,而我的好朋友何雨琪很像小黄。我们经常在一起玩,一下课就黏在一起、抱在一起,就变成了"快乐球"。我真希望,我的朋友会越来越多。

——杭州市天长小学　任俊璐

(图片来源:[美]李欧·李奥尼/文·图,彭懿/译:《小蓝和小黄》,明天出版社 2008 年版。)

# 想法怎么变了？ —— 读《小房子变大房子》

9 月 27 日

### 小马老师的开场白

有的小朋友感觉自己很热，所以上课铃声响了也一个劲地用手扇着风，这样会让自己凉快起来吗？其实，没有体会更加热的，就不知道自己其实已经够凉快啦！我们这里的温度才 30℃ 出头，热带的小朋友可要忍耐 40℃ 的高温哦。没有住在更拥挤的环境中，就不知道自己拥有的空间是多么宽敞！

### 故事导读

有一个小老太太，总是嫌弃自己的房子小。怎么办呢？只能请聪明老先生帮忙啦！"聪明老先生，请你帮帮忙，我家实在挤得慌！"这是小老太太的口头禅！想知道聪明老先生是怎么聪明地把小房子变成大房子的吗？快来读读这个故事吧！

### 精彩片段

> 小老太太大声叫："求你们停下来好不好？三个待着已经更加小，四个待着可就更加更加更加更加小了。连食品柜里的小猪，也都赞成我的话。我的房子小得太可怕。聪明老先生，请你帮帮忙，我家实在挤得慌！"

### 微点评

聪明老先生很有智慧！考虑问题要巧妙！

同一间房子，同一个人，感觉却不一样，真神奇！

快乐很简单，只需换一种方式！

### 阅读策略

1. 聪明老先生是怎样一步步地让小老太太的房子挤满了小动物的呢？

| 把鸡抱进屋 | 把山羊牵进屋 | 把猪推进屋 | 把牛赶进屋 |

2. 小老太太的房子真的变大了吗？

### 亲子分享

妈妈：这个故事告诉我们什么道理呢？

若溪：要助人为乐。

妈妈：那聪明老爷爷想的办法好吗？

若溪：好，因为聪明老爷爷让小老太太习惯了拥挤的房子，然后再把动物们赶出去，房子就突然变得很大很宽敞了。其他同学说有可能把房子给挤大了，我觉得房子不可能被挤大，因为房子坚固无比，是用石头做的。

妈妈：嗯，是的，那还告诉我们什么呢？

若溪：动物们做得不对，不能随便吃别人家的东西，还有啃别人家的东西。小老太太没有那么介意，动物们随便吃东西她也没有骂他们，她很善良。她自己做不到会请别人帮忙。遇到困难学会求助也很重要。

### ✎ 读后感

今天我读了一个故事，名字叫《小房子变大房子》。

有一个奶奶，她觉得自己房子好小，她跟聪明先生去说，想要把房子变大。聪明先生说，要么把你的鸡抱进来，抱到屋子里。于是她抱了鸡进去，可是鸡撞来撞去，把家里的花瓶都打破了。然后奶奶又去问聪明先生："你这个办法，把我的家都害惨了。"聪明先生说："别急别急，让我思考一下，要么把山羊牵进来。"他们用足了力气，牵呀牵，终于把山羊牵进去了。可是山羊到处惹祸，啃桌子角，又把家里弄得乱七八糟。奶奶再去问聪明先生，聪明先生说把猪推进去。他们把肥肥胖胖的猪推了进去，可是猪把家里的巧克力还有好多好吃的都吃光了。奶奶又去找聪明先生，问："怎么回事啊？你这个办法管用吗？实在太不靠谱了，你能不能给我一个靠谱的办法呀？"聪明先生说，要么你把牛给赶进去。然后牛在桌子上跳起了舞，鸡、羊、猪一边吃东西一边看表演。奶奶又去问聪明先生："你这些办法都不管用，给我来个靠谱的办法。"在聪明先生的指导下，奶奶打开窗户，鸡飞了出去。奶奶打开门，羊、猪、牛都被赶出去了。奶奶觉得家好宽敞啊，不像以前的房子了，于是在家里跳起了舞。

我的想法是，房子没变，只是习惯变了而已。

——杭州市天长小学 黄孙仁

（图片来源：[英]朱莉娅·唐纳森/文，[德]阿克塞尔·舍夫勒/图，任溶溶/译：《小房子变大房子》，外语教学与研究出版社 2013 年版。）

# 负责任的小主人：读《我要大蜥蜴》

10月8日

## 小马老师的开场白

10月4日是"世界动物保护日"。自从读完《我和我家附近的野狗们》后，很多小朋友想养宠物猫、宠物狗。爸爸妈妈们就很烦恼：一方面，他们很想满足你们的心愿；另一方面，他们又害怕你们三分钟热度，根本就不能够坚持好好养护它们！其实，养一只宠物真的很难！如果你做好了功课，成功地请求做一件事情并不难。听听这个小男孩是怎样成功喂养大蜥蜴的故事吧。

## 故事导读

你和爸爸妈妈的沟通方式是怎样的？面对分歧时，你会选择什么方式沟通呢？是聊天吗？还是画画、写便条？什么是便条？读过这本书你就知道啦！阿力母子用便条来沟通，太有趣、太有效了！这是一本"丑陋组合"的图画书——丑丑的主角小男生、不太好看的大蜥蜴，结合绝妙无比的母子对话，看过之后，会羡慕这种甜腻、幽默的亲子交流。小男生阿力是一个超想养蜥蜴的小孩，他却被画家画得活像个小老头，但就是这样一个极度夸张的人物形象，不知不觉中就让这个丑丑的角色拥有了绝对的喜感。不太好看的蜥蜴满身疙瘩，有着长长的须，不喜欢太亲昵，不擅长撒娇。不过，画家把它画成这副尊容是别有用心的，否则怎么强化阿力和妈妈的矛盾呢？阿力妈妈在故事中并没有正面出现，仅通过和儿子幽默流畅的对话就吸引了无数读者的眼球，你也会很快喜欢上这个有耐心又幽默的妈妈的！

📗 **精彩片段**

亲爱的老妈：
　　你永远不会看到大蜥蜴的。我会把它的笼子放在我房间足球奖杯旁的柜子上。还有，它好小，我敢打赌你甚至不会知道它在哪儿。
　　爱你，
　　献上千千万万又零一个吻。

阿力

📗 **微点评**

呵呵，小阿力嘴真甜，给妈妈的称呼都不相同！

养宠物一定要谨慎！要负责哦！

便条的作用真大！沟通的方式多种多样！

📗 **阅读策略**

1.阅读全书，找一找。

小阿力想要养大蜥蜴的理由是什么？妈妈不让阿力养的理由是什么？

|  | 阿力 | 妈妈 |
|---|---|---|
| 理由 1 |  |  |
| 理由 2 |  |  |
| 理由 3 |  |  |

阿力和妈妈交流的方式是什么？请数一数阿力给妈妈写了几张便条？阿力给妈妈的署名你有什么发现吗？

|  | 便条内容 | 署名 |
|---|---|---|
| 便条1 |  |  |
| 便条2 |  |  |
| 便条3 |  |  |

2. 你发现写便条的秘诀了吗？

### 🍂 亲子分享

跳跳：妈妈，我真的超喜欢小阿力！他连蜥蜴都敢养！你喜欢他吗？

妈妈：嗯，喜欢。

跳跳：妈妈不会觉得小阿力要大蜥蜴是无理取闹吧？

妈妈：不会，他和妈妈沟通得很清楚，小嘴很甜，思考问题也很周全。

跳跳：我的嘴也很甜，对吗？只是我有时候把理由说得不太清楚，所以才显得无理取闹。

妈妈：是的，放心，我也喜欢跳跳。

跳跳：妈妈，明天你记得看看冰箱贴，我可能会给你写张便条。

妈妈：哦，好的呀，活学活用，跳跳真棒！

### 🍂 读后感

《我要大蜥蜴》里的小阿力很聪明！为什么呢？小阿力想养一只大蜥蜴，他妈妈不让他养。他们互相写信，小阿力用亲切而强有力的话语征服了妈妈，后来妈妈就给他一两个星期试养。然后小阿力喂蜥蜴吃东西，这种东西的名字叫莴苣；然后给它打扫笼子，就像他打扫房子一样。后来他妈妈服了，就意外地同意了他养这只大蜥蜴。

听完故事，我想：我以后遇到事情，也要想办法和大家交流。我以前想让妈妈给我买东西，只会撒娇生气，结果不但东西没买，反而挨了爸爸妈妈一顿批评。我想，以后遇到事情不能光着急，要用和善的语言和妈妈交流，最后征服妈妈。

——杭州市天长小学　方怡笑

（图片来源：[美]凯伦·考芙曼·欧洛夫/文，[美]大卫·卡特罗/图，沙永玲/译：《我要大蜥蜴》，湖北美术出版社 2009 年版。）

# 我们都要去爱自己的外婆：读《楼上的外婆和楼下的外婆》

## 10月9日

### 小马老师的开场白

每个人都会老，每个家庭也都有老人，"家有一老，如有一宝"。我们应该怎么对待他们呢？今天是九九重阳节，让我们一起感恩生命中的那些老人！

### 故事导读

当汤米还是个小男孩的时候，他有个外婆，还有个曾外婆，他很爱她们。汤米和家人每个星期天都会去看她们。外婆总是站在厨房里的大黑炉前面，煮好吃的东西。汤米的曾外婆已经94岁了，她的身体很虚弱，总是在楼上的房间里躺着。汤米叫她们楼上的外婆和楼下的外婆。

故事就这样一直温馨下去吗？随着时间的流逝，祖孙三代又会发生哪些事情呢？故事在一个有些伤感的过程中结束，汤米在和两个外婆的相处中认识到了人生中的"老"与"死"，也感悟到了只要有爱，就能超越所有悲痛。

🍃 **精彩片段**

> 从此以后，每个星期天，等汤米拿出针线盒里的糖果，楼下的外婆就会上楼来，把汤米和楼上的外婆都绑在椅子上，然后，他们俩就一边吃糖，一边聊天。

> 等到他们睡醒了，楼下的外婆便会帮着楼上的外婆梳她那银白色的美丽长发。
> 然后，楼下的外婆拿起梳子，梳自己的头发。

🍃 **微点评**

读完故事，我好想念我的外婆！我下次也要给她讲这个故事听！

这就是一次爱的传递，是生命的意义！

生老病死是自然规律，我们更得珍惜时间了！

🍃 **阅读策略**

小朋友们，汤米、楼上的外婆和楼下的外婆的故事真感人，他们是通过自己的行动在关爱彼此，你能从故事中寻找他们爱的行为，编织人物事件关系图谱吗？

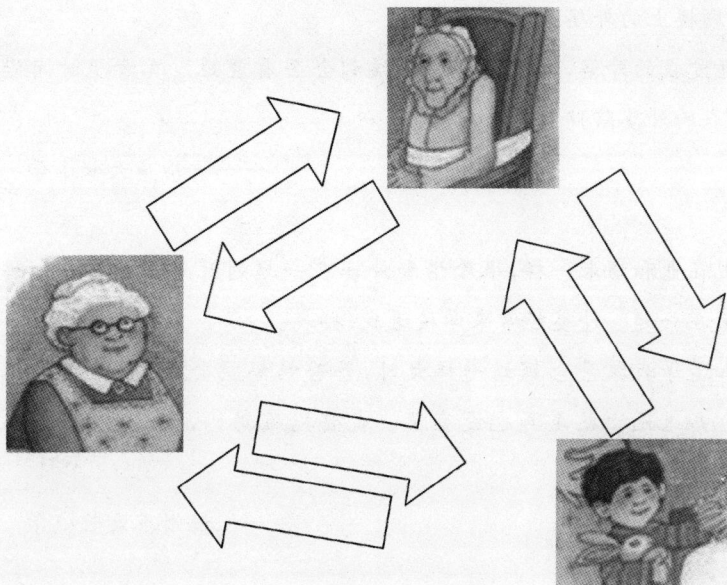

理清人物关系后，我们惊奇地发现：爱是相互的！小小的汤米和瘫痪的楼上的外婆，都能够在生活点滴中奉献自己爱的力量！

### 亲子分享

妈妈：佳人，故事里面有两个外婆，你喜欢哪一个外婆，为什么？

佳人：我喜欢楼下的外婆，她总是照顾楼上的外婆，楼上的外婆年纪那么大了。她还很疼爱汤米，给他做好吃的蛋糕。

妈妈：里面的外婆，满头白发，你觉得好看吗？

佳人：虽然不是非常好看，但是每个人年纪大了以后，都会满头白发，我们应该会习惯，所以汤米觉得外婆很美。

妈妈：所以，无论外婆多老，我们都要爱她，照顾她，因为没有她，就没有我和你。

### 读后感

我觉得楼上的外婆和楼下的外婆都非常爱汤米。一个给他讲故事，另一个给他做好吃的，有时间的时候，都会和汤米一起玩。而汤米也是一个孝顺的孩子，他会陪楼上的外婆聊天，陪伴她，让她不孤单。汤米也在学习楼下的外婆,去照顾楼上的外婆。

我也爱我的外婆,在节假日的时候都会去看望她。真希望时间能够走慢一点,让我的外婆陪伴我更久、更久……

——杭州市天长小学　章佳人

我现在也和汤米一样,很珍惜和外婆在一起的时光。因为我和妈妈还有外婆生活在一起。外婆经常来学校送我、接我。

我知道等我像爸爸妈妈一样大时,爸爸妈妈就会老去,变成爷爷奶奶那样。我也知道死亡就是再也没有了。我要提醒妈妈,多敷面膜,这样就不会老了。

——杭州市天长小学　陈文昊

(图片来源:[美]汤米·狄波拉/文·图,孙晴峰/译:《楼上的外婆和楼下的外婆》,河北教育出版社 2009 年版。)

# 索取与奉献：读《爱心树》

10 月 17 日

## 小马老师的开场白

今天又是大扫除时间，树懒阳来来回回倒了三趟垃圾，尽管满头大汗，却十分开心。我表扬他说，这就叫奉献。我们天天在班级里生活，每天都可以感受到他人的关怀与帮助，因此也需要多做力所能及的事情。今天，你奉献了吗？

## 故事导读

从前有一棵大树，她喜欢上一个小男孩，他们是非常好的朋友。男孩每天都和大树玩游戏，他非常爱这棵树，非常非常爱。大树也很快乐。但是，时光飞逝，小男孩慢慢长大，不快乐了，走了，回来了，走了，回来了。大树每一次都尽己所能地满足小男孩的要求。最后，男孩变成了老人，他回到大树的身边，但此时的大树只剩下一根树桩。大树说："我什么也没有了。"男孩说："不用，我只是想找个地方坐坐。"小朋友们猜猜，大树和男孩之间到底发生了什么？

### 精彩片段

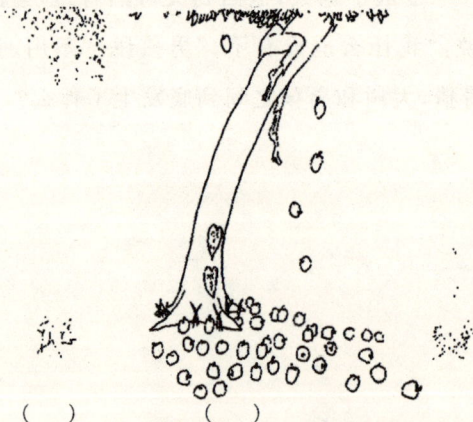

"真抱歉。"树说，"我没有钱。我只有树叶和苹果。孩子，拿我的苹果到城里去卖。这样，你就会有钱，你就会快乐了。"

于是，男孩爬到树上，摘下她的苹果，把苹果通通带走了。

树好快乐！

### 微点评

大树好傻，这样付出，男孩感受得到吗？

好感动！大树给予了一个男孩成长中所需要的一切，把无私的爱给了小男孩，却不图回报。

我们可不能一味索取！要学会感恩！

### 阅读策略

1. 大树一点一点地把自己的一切都奉献给男孩，大树是怎么变化的？

(　　)　　　　(　　)　　　　　　　(　　)　　　(　　)

2. 想一想：树木一直陪伴着我们人类，你知道树木会帮我们做什么吗？

3. 思一思：我们能为树木做什么呢？

### 🍃 亲子分享

罡源（一副很难过、很伤心的样子）：妈妈，我今天不想给你讲这个故事。

妈妈：为什么不要给我讲了？不是每天都给我们讲一个故事的吗？

罡源：因为这个故事太让我难过了，太伤心了！

妈妈：什么故事说来听听？

罡源：是你以前给我讲过的《爱心树》。从前有一棵大树……

妈妈：那如果你是那个小男孩，你会怎么做呢？

罡源：我不会去摘那些苹果，也不会去砍树枝、树干。因为"好心眼巨人"他能够听到树"啊——啊——"大哭的声音，我想我也能听到树伤心的声音！这个小男孩不知道感恩，大树对他这么好，他竟然不懂报答，反而摘走她的果实，甚至还伤害她，这种伤害实在是太大了！如果我是那个小男孩，我会保护好她，就像保护好妈妈和老师那样！

妈妈（指着图片，若有所思）：最后小男孩知道感恩了！你看这是两颗心，象征着大树和小男孩是相亲相爱的。

罡源：大树和小男孩就像妈妈和我一样，我们一家人也是相亲相爱的。

妈妈（思考片刻）：但大树愿意和小男孩分享，就像我们一样，能和家人、朋友分享自己的喜怒哀乐。

罡源：我也要和大树一样，做一个乐于分享的小朋友。

🖋 **读后感**

　　我很喜欢爱心树，爱心树就像我们的爸爸妈妈，总是给我们帮助。但是，我不太喜欢故事里的小男孩，因为他想要的太多了，总是从爱心树身上获取东西。但是，爱心树为什么还是要喜欢小男孩呢？可能是因为太孤单了吧！

——杭州市天长小学　管子正

　　（图片来源：[美]谢尔·希尔弗斯坦/文·图，傅惟慈/译：《爱心树》，南海出版公司 2013 年版。）

# 学会写字很重要：读《不会写字的狮子》

10 月 19 日

## 小马老师的开场白

学完拼音，开始学写字啦！呀，握铅笔可真不容易！呀，要把横写平、竖写直可真不容易！呀，这个字笔画怎么这么多呀，真难写！最近，一些同学都遇到了写字的烦恼。把字写好有难度，但我们必须学会写字，因为，连狮子都知道，学会写字很重要哦！

## 故事导读

狮子只是想写信告诉母狮子，她有多么美丽，告诉她，多么想见到她，想和她在一起，懒洋洋地躺在树底下——这才是狮子的世界。没有任何动物可以体验、取代。故事有一个温馨的结尾，虽然狮子不会写字，但母狮子还是懂得了他的钟情。

## 精彩片段

狮子去找猴子，请他帮忙："你可以帮我给母狮子写信吗？"

第二天，狮子带着信想到邮局寄，不过，他想先知道，猴子写了什么。狮子回来，要猴子念给他听。猴子念道："可爱的女孩儿，你愿意跟我一起爬到树上去吗？我有香蕉，好吃得不得了！狮子敬上。"

🍃 **微点评**

狮子真好玩,他的想法别的动物怎么知道呢?

不同动物都有自己的生活习性,表达爱的方式也不同!

对狮子来说,和捕猎相比,写字太微不足道了,但不会写字也会酿成

大问题!

🍃 **阅读策略**

狮子请不同的动物帮自己写信,动物们都是怎么写的呢?

### 🍃 亲子分享

韵晗：森林里有一只大狮子，他不会写字。

妈妈：可这有什么关系呢？他是森林里的大王，不会写字有什么问题吗？

韵晗：问题可大啦！狮子也要交朋友啊！有一天，狮子见到了一头母狮子，非常漂亮，狮子很想去和她聊天，但又不好意思，所以就想写信给她。可是狮子不会写字啊，所以狮子去找猴子、屎壳郎等小动物帮忙写信。……

妈妈：屎壳郎到底会写些什么呢？我真好奇！

韵晗：屎壳郎给他写完了信，还在信纸上洒了"香水"，他是这样写的："亲爱的，你愿意和我一起爬到土堆上吗？我有粪便，好吃得不得了！狮子敬上。"

妈妈：哈哈哈哈，真是好笑！狮子一定被气死了。屎壳郎只想到了自己的爱好，哪里知道狮子的爱好呢？还是自己最了解自己。

### 🍃 读后感

故事里的狮子是森林之王，凶猛善战，可是他有一个弱点，那就是不会写字。不过这也算不上真正的弱点，毕竟对于一只狮子来说，写字和捕猎相比绝对是微不足道。但是有一天，这个不是弱点的弱点被放大了，成了森林之王的死穴，让他寝食难安。他请了很多很多人帮忙。聪明的狮子先后让猴子、河马、屎壳郎、长颈鹿、鳄鱼、秃鹰帮他写这第一封情书。每个动物都尽心尽力地帮助狮子，发自肺腑地写出一封封情书，狮子都不满意。最后还是得自己出马，才表达成功。

我很喜欢《不会写字的狮子》，因为我的字写得不是太漂亮，看完了这本书，我再次认识到认字、写字有多么重要。如果不会写字，不学习，表达都变成了困难事。

——杭州市天长小学　叶陈达

（图片来源：[德]马丁·巴兹塞特/文·图，赖雅静/译：《不会写字的狮子》，河北教育出版社 2011 年版。）

# 家的温度：读《我想有个家》

10 月 20 日

### 小马老师的开场白

天气开始转凉了,学习也进入了紧张阶段,我们渴望时间过得慢一些,渴望家里暖和一点……渴望的事情很多,就连小动物也渴望有一个家,那么就让我们一起来读一读《我想有个家》吧!

### 故事导读

有一只小老鼠住在垃圾堆里,他渴望有一个温暖的家,有一个温柔、善解人意的主人疼爱他,这样他就不会被叫作"臭老鼠"了。小老鼠的南美栗鼠朋友皮埃尔住在珠光宝气的家;泰国猫朋友奥斯卡有个自由自在的家,想做什么就做什么;大耳朵兔点点整天跟着主人表演马戏,过着刺激、好玩的生活;还有苏格兰小狗安德鲁,他的主人会喂他好吃的晚餐,还会整晚和他一起玩拼图……

小老鼠一直都没有找到主人,直到有一天,近视的福士古先生以为小老鼠是只猫,收养了他。小老鼠觉得他能做很多事,灵敏的鼻子可以找到最香的奶酪,还可以打扫房间,吃掉食物碎屑,还能带领眼神不好的主人过马路,他和福士古先生相依为命。

这是一个温暖的故事。

🍃 **精彩片段**

> 这就是我啦！对，就中间那个，尖尖鼻子，小灯泡眼，有点儿扭扭捏捏的那个呀！

> 我就住在垃圾箱里，记住哦，是垃圾小区垃圾巷3号。

🍃 **微点评**

福士古先生把流浪鼠当作一只猫来领养，流浪鼠却并不难过，他不挑剔，很包容。

小老鼠期待有个家，南美栗鼠、泰国猫等却并不知足，觉得生活不自由。哎！真是各有各的想法。

动物也需要爱，也想有自己的家！

🍃 **阅读策略**

1. 如果你是小老鼠，没有家，没有主人，你的心情会怎么样？

2. 小老鼠的四个朋友各自有一个有特色的家，你最喜欢哪一个家？

我最喜欢（　　）的家，他的家＿＿＿＿＿
＿＿＿＿＿＿＿＿＿＿＿＿＿＿＿＿＿＿＿＿，
但是＿＿＿＿＿＿＿＿＿＿＿＿＿＿，所以小
老鼠不喜欢。

3. 小老鼠找到了家,它的家是什么样的? 找一找绘本里的信息画一画吧。

### ✐ 亲子分享

"今天,我们讲了一个温暖的故事!"郁郁开心地说。

"是什么故事?"妈妈好奇地问。

"故事的名字你猜猜看?"郁郁说。

"《猜猜我有多爱你》?《世界上最好的爸爸》? ……"妈妈问道。

"不是,都不是,你仔细听哦。有一只小老鼠无家可归,他很渴望有一个家……"郁郁大声讲着。

"每个人都渴望有家,有家才有爱。"爸爸感叹道。

"郁郁,你想要一个怎样的家?"妈妈反问。

"我想要一个会飞的家,可以去五湖四海。"郁郁说。

### ✐ 读后感

小老鼠住在垃圾堆里,他渴望有一个家。他很羡慕他的朋友所拥有的家:高贵的家、自由自在的家、刺激好玩的家和被宠爱的家。尽管这些家也有让小老鼠不满意的地方,但小老鼠依然很羡慕。因为,小老鼠很孤独,经常受欺负,还被人叫作"臭老鼠",他住的地方经常被人翻箱倒柜。所以他想找个温暖的地方,有个主人,互相依靠。当小老鼠被福士古先生收养后,他发现他能做很多事,与主人相依为命,他觉得很幸福。我们每一个人都需要家。

——杭州市天长小学　陈郁

（图片来源：［英］罗伦·乔尔德/文·图,萧萍、萧晶/译:《我想有个家》,湖北少年儿童出版社 2010 年版。）

# 回忆甜蜜蜜：读《幸福的大桌子》

10 月 21 日

**小马老师的开场白**

孩子们，今天就是重阳节了，重阳节是什么节日你们知道吗？周末，我该回去探望我的妈妈了。你们呢？有没有计划去探望探望爷爷奶奶和外公外婆？

**故事导读**

兔奶奶一个人在家，守着一张大桌子。这张大桌子陪伴着兔子一家成长，小兔子长大后纷纷离家，最后只剩下兔奶奶和充满回忆的大桌子……淡淡的哀愁中，融合着温暖幸福的感觉。兔奶奶的大桌子上曾经坐了多少人呢？他们现在又去哪里了呢？

**精彩片段**

桌子、椅子，都是孩子们的爸爸（也就是兔爷爷）亲手做的。

随着孩子们的长大，小椅子一把接一把地被改成了大椅子。等所有的椅子都一样大了，孩子们却开始一个接一个地离开，最后，六个都离开了家。

### 微点评

我喜欢热热闹闹的大桌子！不过，有梦想就要勇敢去追寻！

老人们真需要人关心！我要多去探望外公外婆和爷爷奶奶！

人总有相聚分离！老爸说，月有阴晴圆缺。

### 阅读策略

小兔子们一个个长大，都去干什么了呢？

（　）　　　（　）　　　（　）　　　（　）

### 亲子分享

（一）

懿齐：兔奶奶在大桌子前面等着大家团聚……

齐爸：骆懿齐小朋友，你觉得兔宝宝们这样对吗？

懿齐：不对，我想不对。

齐爸：不对在哪里呢？

懿齐：老人一个人很孤独，如果没有人来看她，以后她死了，就再也看不到她了。如果你不能去看爷爷奶奶，你可以写封信给爷爷奶奶。

（二）

彤爸：故事叫《幸福的大桌子》，你从这个故事中能感受到幸福吗？

相彤：能啊。

彤爸：哪里感受到的？

相彤：虽然故事里没有讲，但是你能想象，他们一家人团团圆圆在一起涂鸦、做点心，这就很幸福！

彤爸：那后来呢？你有什么感受？

相彤：他们后来都离开了，就挺对不起兔奶奶的，虽然他们偶尔会回来看兔奶奶，但过不了多久就离开了，兔奶奶肯定会很难受。

彤爸：如果你是兔奶奶的孩子，你会怎么样？

相彤：我会多抽点时间去看兔奶奶，我不知道兔奶奶有没有手机和微信，兔奶奶的孩子就算抽不出时间去看她，也可以打打电话、发发微信。如果有，他们却没那么做，那兔奶奶的孩子就太傻了，因为一家人就是要相互陪伴。

彤爸：将来你也会做妈妈，你也会有自己的孩子，他们将来长大了，也会有自己的理想，做自己的事情。你会支持他们去实现自己的梦想吗？

🍃 读后感

《幸福的大桌子》真是一本有点伤感的绘本呢！9 年前，兔爷爷，也就是小兔子们的爸爸，做了一张很大很大的桌子，小兔子们有的在桌子下面刻字、躲猫猫，有的在桌子上面写作业、画画。后来小兔子们都长大了，离开了家，各自去生活了。大女儿生了两个兔宝宝，但他们都没有回过家，双胞胎兔宝宝也没有回过家。兔爷爷后来去世了。一天，兔奶奶吃过晚饭，钻在桌子底下，看兔宝宝们的涂鸦。只有最小的兔儿子回过家，和兔奶奶说，他要去远航，后来又回到了码头。兔奶奶想起了兔宝宝们小时候要吃很多很多的东西，炖绿豆汤、炖胡萝卜……

——杭州市天长小学　骆懿齐

（图片来源：[日]森山京/文，[日]广濑弦/绘，蒲蒲兰绘本馆/译：《幸福的大桌子》，二十一世纪出版社 2008 年版。）

# 怪物在哪里？怪物在心里：读《莫夫里太太家的怪物》

10 月 22 日

### 小马老师的开场白

"不好！""小蜜蜂"大喊大叫着跑到办公室，"倒霉熊"也跟着嚷："不好！"我还以为出什么大事了，原来只是楼道里展示墙上的一幅画掉下来了。日常生活中，我们经常会被突如其来的事情惊吓到，而又往往是虚惊一场，都是因为我们心里住了一只"怪物"。我们遇事要学会冷静思考，有自己的判断力，这样才能揭开真相！

### 故事导读

圆滚滚的蓝色家伙，一对尖耳朵，外翻的大鼻孔，还有大大的胃口，听说能吃很多很多东西……莫夫里太太家的怪物乍看起来真的是有点吓人，那长尾巴上卷着的是一个盛着果酱的大勺子，而我们的主人公正渴望地盯着勺子里的果酱。哈哈，这个怪物好像没那么可怕，似乎还有点天真。什么是真？什么是假？

### 🍃 精彩片段

星期二，
莫夫里太太出家门，
她买回了二十七打鲜鸡蛋。
大家又在说——
说什么呀？
说那大怪物每天早上一定
要用蛋液梳头发。
那可是个爱美的怪物哦，
就像我们用摩丝一样。

### 🍃 微点评

哈哈哈，哪有怪物有那么好的胃口！

眼见为实，可不能瞎猜！

莫夫里太太的心里住着一只大怪物！那是因为她有大理想！

### 🍃 阅读策略

1. 莫夫里太太家的怪物有个好胃口，你能根据老师的描述，画一画这只怪物吗？

2. 这怪物吃的糖竟然能堆起一座小山，鸡蛋有数百个，黄油58包，还有464罐果酱。这究竟是一只什么样的怪物？

3. 莫夫里太太家这个星期充斥着怪物，下一个星期又会发生什么有趣的事情呢？你能画一画，向同学讲述下个星期发生的有趣事情吗？

## 🍃 亲子分享

"爸爸,这个世界上有怪物哟!"

"什么怪物?"爸爸惊奇地问。

"这个怪物在莫夫里太太家,它是全世界吃得最多的。"孙仁悄悄地和爸爸说。

"啊——"爸爸更糊涂了。

"爸爸,我现在要讲故事了。从前,莫夫里太太家……"孙仁绘声绘色地讲着。

"莫夫里太太真的太厉害啦!"爸爸赞叹道。

"因为她做了比赛中最大的蛋糕,所以厉害吗?"孙仁抿着嘴追问道。

"不仅仅是她做了最大的蛋糕,还有她不在意别人的闲言碎语,只做自己的事情。所以人们所说的话并不都是真实可信的,我们需要去辨别真假。"爸爸和蔼可亲地说。

"哦——我也要学会辨别真假。"孙仁开心地说道。

## 🍃 读后感

《莫夫里太太家的怪物》这本书很"古灵精怪"。书里讲了这样一个故事:有一天,一个很可爱的小太太,她急急忙忙出去买东西,她买了一大车的白砂糖。她家里有一只大怪物,莫夫里太太肯定是拿这些白砂糖给怪物吃呢。星期二的时候,莫夫里太太又出去买东西,她买了整整一车的面粉,有58袋。别人都说,这是给怪物当床睡的。莫夫里太太星期三又出去了,她买了27打蛋,总共有600多个鸡蛋呢。别人都说,这是给怪物洗头用的。星期四的时候,莫夫里太太又出去买了东西,她买了很多果酱。别人都说,这些都是给怪物洗澡用的。星期五,莫夫里太太又出去买了糖霜。别人都说糖霜是用来给怪物刷牙用的。星期六,莫夫里太太没有出去买东西。突然,莫夫里太太家里着火了,很多烟,呼……呼……别人都说莫夫里太太被怪物给吃了,被煮来吃掉了。原来,莫夫里太太做了很大很大的蛋糕,她想要参加美食大餐比赛呢。她得到了第一名,她做的蛋糕是最大的。

读完故事，我觉得我们不能怀疑别人，要相信别人，别人还没做之前就怀疑他，这样就交不到朋友了。不能看不起别人，要跟莫夫里太太学习耐心等待，要亲自动手，准备工作要做得很好。

——杭州市天长小学　李若溪

（图片来源：[英]萨拉·戴尔/文·图，萧萍/译：《莫夫里太太家的怪物》，上海人民美术出版社 2008 年版。）

# 会分享　会交往：读《阿松爷爷的柿子树》

11 月 9 日

### 小马老师的开场白

开学一个半月了,很多温暖的事情在孩子们的日常生活里发生!"小松鼠"和大家分享了奶奶家里养的鸡,"倒霉熊"和大家分享了假日里做的大蛋糕……但是也会有"小鱼儿"和"啄木鸟"抢夺一片掉落在操场上的落叶而大打出手的"囧事",我们得试试,学会一项与人交往的本领——分享。

### 故事导读

阿松爷爷家的柿子树很甜,可是,阿松爷爷却一直独占所有的柿子。就算孩子们流着口水望着他,他也不愿意与大家分享柿子。一天,阿松爷爷家搬来一位新邻居哎哟奶奶,哎哟奶奶将柿子蒂、柿子叶甚至柿子枝都改造成新事物,与孩子们分享,所以她的身边总是充满着欢笑与快乐。你们猜猜聪明的哎哟奶奶将"废物"变成了什么?

**精彩片段**

"哎哟！你的柿子树……"

"叶子都没了，不然给你树枝好了。"阿松爷爷说。

孩子们又与哎哟奶奶非常开心地把树枝搬回去。

"奇怪，为什么他们还是这么开心？"原来是要烤肉啊！

全部的小孩与哎哟奶奶都吃得津津有味呢！

"这下可不妙了！我得赶快保护我的柿子树！"

当哎哟奶奶带着孩子把烤好的肉要拿去谢谢阿松爷爷时，大家看得都吓了一跳。

"阿松爷爷，你怎么把柿子树砍下来了？"

这时阿松爷爷才感觉到，心爱的柿子树已经被砍下来了！

**微点评**

哎哟奶奶真是有创意！还很有包容心。

阿松爷爷太小气了，最后终于知错，会分享了！

柿子树原来有这么多用处啊！不要小看任何事物！

**阅读策略**

猜猜哎哟奶奶将柿子蒂、柿子树的叶、柿子树的枝干这些"废物"变成了什么？

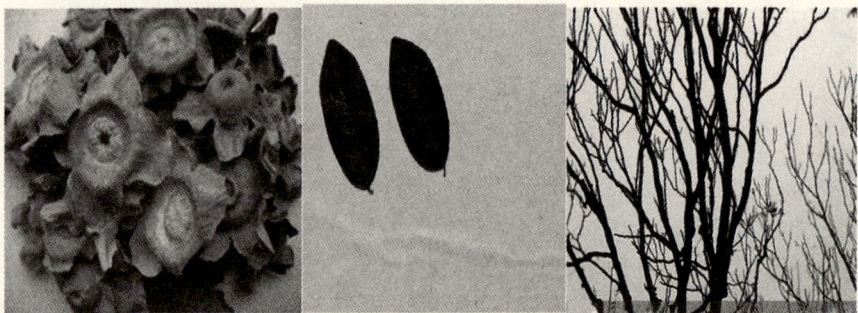

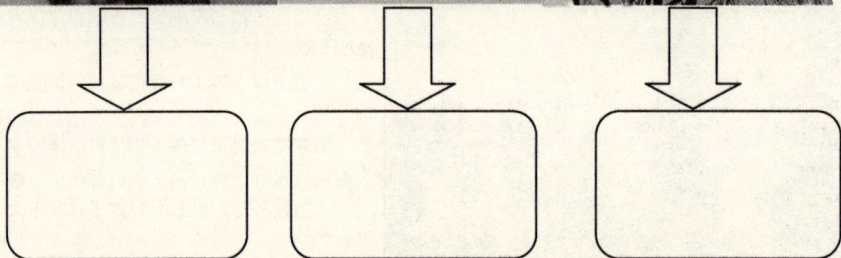

### 🍂 亲子分享

"故事时间已到!"家瑞大步流星地向妈妈奔来。

"今天的故事是《阿松爷爷的柿子树》。"家瑞迫不及待地向妈妈介绍道。

"阿松爷爷的柿子树有什么神奇的地方?"妈妈好奇地问。

"妈妈你要耐心等待。我现在就和你说说这位阿松爷爷,阿松爷爷原先种了一棵柿子树……"家瑞娓娓道来。

"没想到哎哟奶奶这么厉害,一棵柿子树有这么多的用处!"妈妈惊讶地说。

"阿松爷爷应该和小伙伴们一起去发现柿子树的作用。"家瑞挠挠脑袋,若有所思地说。

"是的,我们也要和小伙伴们一起去发现生活的奥秘哟!"妈妈摸着家瑞的脑袋说。

### 🍂 读后感

故事里的阿松爷爷笨笨的,很可爱。他一开始很自私,不把柿子分享给哎哟奶奶和小朋友们,还把自己的柿子树给砍了。但是,阿松爷爷后来知道自己错了,把藏着的柿子拿出来和哎哟奶奶还有小朋友们分享,最后大家都帮阿松爷爷一起种柿子树,阿松爷爷不仅又有了一棵柿子树,简直有一大片柿子林了! 我们在学校里也要学会分享! 我记得一次美术课上我带了彩色纸,有一些同学没带,我就分享给了那些同学。上次我没带铅笔,很多同学都帮我,把尖尖的铅笔借给我。分享是快乐的,还很有用!

——杭州市天长小学　沈家瑞

（图片来源：［日］须藤麻江/文,［日］织茂恭子/绘,米雅/译:《阿松爷爷的柿子树》,道声出版社 2007 年版。）

# 特别的日子：读《阿莫的生病日》

11 月 23 日

### 小马老师的开场白

你怎样对待你身边的人，你身边的人就会怎样对待你。关心帮助别人，你才会成为一个受欢迎的人、一个朋友众多的人。今天给大家带来这本治愈系的超有爱的绘本——《阿莫的生病日》。

### 故事导读

阿莫是一位和善的动物园管理员，过着有规律、平淡而又充实快乐的日子。每天，他都要挤出时间去看望几位好朋友：陪大象下棋、和乌龟赛跑、跟企鹅坐坐、给爱流鼻涕的犀牛递手绢，并且给猫头鹰讲故事。

可是有一天，他醒来时又流鼻涕又打喷嚏，没能像往常一样去动物园，却在家里接待了几位意想不到的客人。原来，他天天照顾着的客人都想念他了。阿莫生病后，动物们都坐公交去看阿莫，跟他下象棋，为他烧水、暖脚、念书，递手绢给他……满满都是爱！

### 🍃 精彩片段

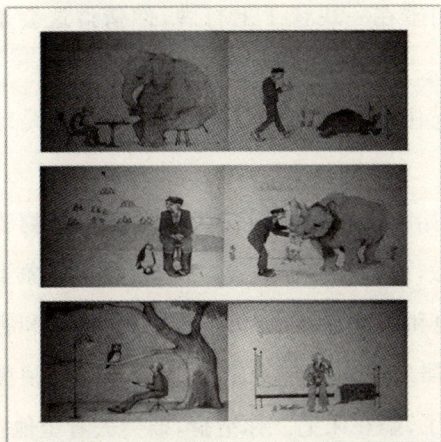

> 他和大象下国际象棋，大象每下一步总要想呀想；他和乌龟赛跑，乌龟从没输过；他会和害羞的企鹅安静地坐一坐，给爱流鼻涕的犀牛递手绢，太阳落山时会给一只怕黑的猫头鹰讲故事。

### 🍃 微点评

阿莫和每个动物都能玩不同的游戏，真有耐心！

阿莫真像动物们的妈妈，哦不，像爸爸！

能和大家在一起，生病日也像个节日！

### 🍃 阅读策略

阿莫生病的时候，有哪些小动物来看望他呢？

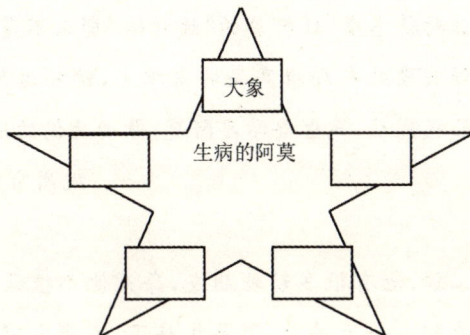

### 🖋 亲子分享

乐涵：爸爸，你看看书的封面，他们坐在一块毯子上打牌，你猜猜这会是在什么地方呢？哪个是阿莫呢？

爸爸：他身上穿的衣服和德德爸爸住院时穿的衣服很像，只是他的是绿条纹的，我们通常穿的是蓝条纹的。

乐涵：爸爸，你真会观察。那我开始讲故事啦！阿莫先生是一位动物管理员，在动物园，阿莫有很多的事情要做，他会做些什么呢？他呀，会和大象下国际象棋，大象每下一步总要想呀想；他和乌龟赛跑，乌龟从没输过；他会和害羞的企鹅安静地坐一坐，给爱流鼻涕的犀牛递手绢，太阳落山时会给一只怕黑的猫头鹰讲故事……有一天，阿莫生病了，躺在床上。你猜猜，谁会去看望他？

爸爸：嗯，应该会有大象、乌龟、企鹅、犀牛和猫头鹰。

乐涵：爸爸，你以前看过这个故事吗？为什么像神仙一样，猜得这么准？

爸爸：因为，爱是相互的呀！

### 🖋 读后感

我很喜欢这本书，喜欢书里面的主人公们，尤其是有爱心的阿莫。看到阿莫和他的好朋友的互动情景：跟大象下象棋，和乌龟赛跑，陪企鹅安静地坐坐，给犀牛递手绢，给怕黑的猫头鹰讲故事……这些画面真好笑！同时也让我感受到阿莫对动物们的用心和爱，对大象的耐心，赛跑故意输是对乌龟的鼓励，对企鹅的慈爱，对犀牛的细心呵护，给那只爱听故事的猫头鹰讲故事。我感觉这好像爸爸用心地对待我，从早到晚，日复一日地。看阿莫换了运动鞋再去跟乌龟赛跑的认真对待态度，让阿莫的"故意输"那么不露痕迹，看乌龟那一脸的自信。看后面猫头鹰站在那堆高高的书堆上，就知道阿莫那日积月累的坚持……这一切真让我感动，我也要学习阿莫，做动物们的朋友！

——杭州市天长小学　张乐涵

阿莫在动物园工作，他有很多动物朋友，每天他都很认真地照顾他们，根据他们的需要帮助他们。一天早上，阿莫生病了，不能上班了。然后，动物园里的动物都想他了。他们走在大街上，穿过马路，坐上公共汽车。特别是大象和犀牛这两个庞然大物和身材娇小的企鹅、猫头鹰、乌龟形成了极大的反差，实在有趣！

后来，他们终于到了阿莫的家，他们也像阿莫照顾他们那样照顾着阿莫。阿莫与动物的感情就这样融合成一股溪流，缓缓地流淌着。所以呀，互相帮助是一种美德，连动物也懂这个道理呢！

——杭州市天长小学　解威廉

（图片来源：［美］菲利普·斯蒂德/文，［美］埃琳·斯蒂德/图，阿甲/译：《阿莫的生病日》，二十一世纪出版社 2012 年版。）

# 不做打瞌睡的教室：读《打瞌睡的房子》

11 月 25 日

### 小马老师的开场白

秋天来临，暖暖的午后，孩子们昏昏欲睡。讲个好玩的故事吧，驱散睡意，好打起精神学习。

### 故事导读

你相信吗？有一幢房子也会打瞌睡！在这栋打瞌睡的房子里，所有的人都在睡觉，而且睡得很沉很香。老奶奶睡在大床上，小男孩睡在老奶奶身上，小狗睡在小男孩身上……突然，老鼠跳了起来，猫儿、狗儿、小男孩一个个都惊飞了起来，老奶奶还压垮了床……大家都醒来了，打瞌睡的房子里没有人再睡觉啦！

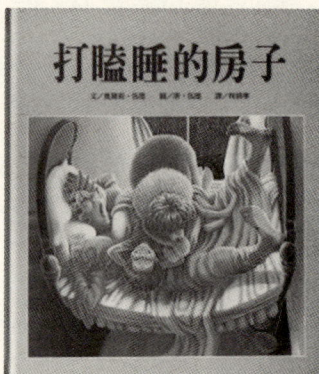

### 精彩片段

那只老鼠身上，有一只跳蚤……
可能吗？
不睡觉的跳蚤，
在呼呼大睡的老鼠身上，
老鼠在打盹儿的猫身上，
猫在昏昏欲睡的狗身上，
狗在做梦的小男孩身上，
小男孩在打鼾的老奶奶身上，
老奶奶在温暖的床上，
床在打瞌睡的房子里，
房子里每个人都在睡觉。

### 微点评

猫和狗不是天敌吗？怎么猫睡在狗狗身上？

房子里所有的人都在打瞌睡，太有趣了！

小小的东西，说不定有大大的能量！最后跳蚤咬了老鼠一口，起了连锁反应，大家都醒了！

### 阅读策略

天哪！打瞌睡的房子里，到底有多少人在睡觉？他们都叠着罗汉，像一座宝塔呢！

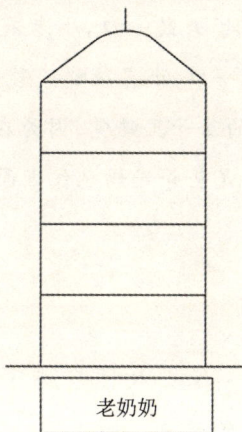

老奶奶

### 亲子分享

懿齐：房子怎么会瞌睡呢，猫和老鼠是天敌呀，狗和猫不是好朋友呀？为什么他们会在一起睡觉呢？

爸爸：因为这是一个童话故事，童话的世界是充满想象力的。在童话的世界里，房子会睡觉，天敌可以是好朋友。

懿齐：那么在童话里，蛇和青蛙也可以是好朋友喽？

爸爸：是的。

懿齐：可是为什么呢？

爸爸：这就是联想和想象啊。比如，你是小男孩，为什么会被比喻成鹦鹉呢？因为你在学校日常里的行为有点像鹦鹉，所以被比喻成鹦鹉。罗雨荨是个小女孩，可是很可爱，所以就被比喻成小白兔。

懿齐：噢，因为天阳胖胖的，所以是倒霉熊。孙仁块头大又结实，所以是犀牛。

## 📝 读后感

在打瞌睡的房子里，跳蚤睡在老鼠的身上，老鼠睡在小花猫的身上，小花猫睡在小狗的身上，小狗睡在小男孩的身上，小男孩睡在打鼾的老奶奶身上，老奶奶睡在温暖的床上，温暖的床睡在打瞌睡的房子里。房子里的每一个人都在睡觉。

后来，没有睡着的跳蚤咬了老鼠一口，小老鼠咬了小花猫一口，小花猫咬了小狗一口，小狗咬了小男孩一口，小男孩咬了老奶奶一口。大家就都醒了！

我也好想在这幢打瞌睡的房子里睡觉，因为在这个房子里，每一个人都在睡觉，不会有人来打扰我。要是爸爸妈妈也住里面，就不会有人一大早叫我起床了。

——杭州市天长小学　王语帆

（图片来源：[美]奥黛莉·伍德/文，[美]唐·伍德/图，柯倩华/译：《打瞌睡的房子》，明天出版社 2009 年版。）

# 规则成就效率：读《红绿灯眨眼睛》

12月2日

### 小马老师的开场白

上午第一节课，因为有小朋友迟到了，我们的课程被打断了。如果每位小朋友遵守规则，准时到校，我们的学习就会顺畅得多。不仅在学校里要遵守规则，在社会上更要如此。瞧，城市的发展进步让我们享受到了生活的便利，但同时交通问题也越来越让人们担忧。路上的行人和车辆越来越多，红绿灯的功能和重要性也有了更大体现！咦？这里的红绿灯怎么回事？让我们一起来看一看《红绿灯眨眼睛》的故事吧！

### 故事导读

又是新的一天，警察们叫醒了沉睡的红绿灯，接着红绿灯就在红、绿、黄的变化中循环工作了。说实话，红绿灯们挺辛苦的，它们几乎每天都在不停地工作。嗯？怎么回事？怎么变成绿、黄、绿的顺序了？路上一片混乱，交警迅速来到了现场，他站在路口指挥交通，暂时解除了拥堵。很快工人叔叔也赶来了，检查之后才知道红绿灯坏了，因为今天的车辆实在太多了，红绿灯们都累晕了。经过工人叔叔的维修，红绿灯在天黑前恢复正常了，继续有序地指挥着所有的车辆。

✒ **精彩片段**

那么多车，那么多人……红绿灯努力地工作着。
绿灯、黄灯、红灯……前进、减速、停下……
绿灯、黄灯、红灯……前进、减速、停下……
认真遵守红绿灯的指令，车辆和行人才能快速通行。

要撞到人了！要撞到车了！
停下，停下，是红灯喊停下。呀，变绿灯了，快往前走。不行不行，动不了啊！
堵在路口的汽车一辆接一辆，几十辆，几百辆，几千辆……越来越多。
红绿灯眨累眼睛了，现在动不了了。

✒ **微点评**

对，玩游戏的时候也要遵守规则！

遵守交通规则会给大家带来便利！警察叔叔真辛苦！

红绿灯也会生病？嗯，每一样事物都需要被保护！

### 阅读策略

1. 小朋友们，请想一想：红绿灯对我们的交通有哪些重要的作用？如果没有红绿灯，我们的交通会是什么样呢？这样的前后对比真是太有意思了！你能找出对比的句子吗？

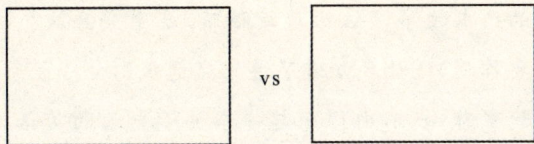

|  |  |  |
|---|---|---|
|  | vs |  |

2. 上下楼梯靠右行，走路要走人行道……写一个关于规则的神奇故事吧！

画一画                                                  编一编

### 亲子分享

"别忘了今天你要给我讲的故事哦！"妈妈提醒道。

"我给你准备的故事是《红绿灯眨眼睛》。"阳阳一本正经地说，"又是新的一天……红绿灯努力地工作着，绿灯——前进；黄灯——减速；红灯——停下。突然，怎么回事？红绿灯的信号变得乱糟糟的，车辆已经排成一串长龙了，红绿灯是不是忙晕了呀？"

"我有时候也会忙晕的！得有规律地工作，不能瞎忙！"妈妈忍不住点头。

"妈妈辛苦啦！抱抱！"阳阳忍不住伸出手臂抱抱妈妈，"言归正传，故事继续，十字路口一片混乱，'咚！'只听一声巨响，一辆车撞上了另外一辆车……"

"哈哈哈哈，故事里的人物真滑稽，场面也很热闹!"妈妈笑得皱纹都出来了。

"妈妈听懂了么？你要做个遵守交通规则的人哦，开车时不要抢黄灯，还有爸爸，喝酒后不能开车!"阳阳说。

爸爸妈妈互相看了一下，笑着挤出一句话："小家伙，还给我们上起课来了!"

### ✑ 读后感

我喜欢幽默的绘本故事，《红绿灯眨眼睛》就十分幽默！这个故事不仅告诉我红绿灯的重要作用，还让我知道了遵守交通规则会给大家带来便利。

刚听完这则故事时，我不由得想起一个关于自己的笑话。一次硬笔书法课结束后老师给我们布置作业，按照园、闪、闭、闻、周的顺序写八行，结果我写着写着，写成了闭、周、园、闻、闪、闭的顺序。

我为什么会想到这个笑话呢，是因为红绿灯坏的时候，顺序就是错乱的。这个故事告诉我们有些事情是一定要按照规定或规律来做的，不然就会搞得一团糟，出现很多麻烦！

——杭州市天长小学　谢仲阳

（图片来源：[日]松居直/文，[日]长新太/绘，[日]猿渡静子/译：《红绿灯眨眼睛》，南海出版公司2008年版。）

# 让我们的心不残缺：读《哑巴》

12 月 3 日

### 小马老师的开场白

每年的 12 月 3 日为"国际残疾人日"，被幸福包围的孩子们，对这个日子是那么陌生。每一个身体残缺的孩子都是上帝多咬了一口的苹果，让我们尊重他们，同时让我们的心不残缺。

### 故事导读

他是个哑巴，虽然能听懂别人的话，却说不出自己的感受，她是他的邻居，一个和外婆相依为命的女孩，她一直喊他哥哥。他真像个哥哥，带他上学，伴她玩耍，含笑听她叽叽喳喳地讲话。他只能用手势和她交谈，可她能读懂他的每一个眼神，从哥哥的注视她的目光里，她知道他有多么喜欢自己。

### 精彩片段

他是个哑巴，虽然能听懂别人的话，却说不出自己的感受。

### 微点评

我们要尊重所有人!

从小不能说话的人,内心一定有很多珍贵的想法。

因为他们不能用嘴巴表达,做的事情就会更多。

### 阅读策略

1.美丽的相遇:以下有三张便利贴,请你贴在故事中相应的地方,说说你的阅读体验。

可 惜　　　　　启 发　　　　　感 动

2.世界上有很多"有勇气的人",他们是被上帝咬了一口的苹果,有他们独特的美丽;他们也需要我们给予尊重与关爱。你在生活中有没有发现一些可以帮助他们的温暖细节呢?

### 亲子分享

佳人:妈妈,你有什么问题想问我吗?

妈妈:最触动你心灵的是哪个情节?

佳人:故事的结尾让我最感动,因为结尾让我意想不到,她竟然是会说话的,但是为了和他生活在一起,宁愿隐藏自己的声音。

妈妈:你觉得她这样做,傻吗?这么多年都不说话。

佳人:不傻,因为她觉得能和喜欢的人在一起,是非常值得的。

妈妈(意味深长地):慢慢感受爱的力量,是一种尝试。

### 读后感

《哑巴》这本书中的故事非常感人。一开始，我有一点看不懂，以为她的确是声带受伤了，只是后来痊愈了。但是后来，我读了一遍又一遍，发现了里面的秘密。原来，她是故意让大家觉得自己不能说话，这样才能和他一起生活。但是我不太明白，为什么这个哥哥一开始不愿意接受她，而是逃走了呢？妈妈告诉我，哥哥是觉得自己是哑巴，配不上是正常人的她，会拖累她。我觉得她很勇敢，为了追求自己的爱情，义无反顾，宁愿失去自己的声音。故事的结尾说她以后再也不说话了，我觉得是一个让人悲伤的结局。

——杭州市天长小学　章佳人

（图片来源：几米/文·图：《哑巴》，http://www.doc88.com/p－8436097934568.html。）

# 大肚能容：读《手套》

12 月 7 日

### 小马老师的开场白

气温骤降，昨天杭州下了第一场雪，孩子们都戴上厚厚的手套啦！咦，谁的手套掉了？今天，我们就来读一读《手套》吧！

### 故事导读

一个老爷爷去森林里打猎，他带着一条小狗，走着走着，他的一只手套掉在雪地里了，但是他不知道。这时候有一只小老鼠跑过来，它看到这只手套，住在了里面。过了一会儿，来了一只青蛙也住了进去。然后又来了一只狐狸，接着还有狗熊、野猪不断地出现，都住进了大手套里……多少动物都能住进去。最后，老爷爷发现手套丢了就回来找，小狗跑在前面"汪汪汪"地叫着跑。听到小狗的叫声，大家都跑掉了……

🍃 **精彩片段**

小老鼠跑过来瞧一瞧，钻进了手套，说："住在这里该多好啊！"

青蛙蹦过来问："里面住着什么人？"
"我是有尖尖爪子的小老鼠，是谁在叫？"
"我是蹦蹦跳跳的青蛙，让我住进去，行不行？"
"请进。"

🍃 **微点评**

一只小小的手套竟然有那么大的肚子，能住那么多人！

那都是因为大家互相谦让！

大家连大灰狼都请进手套，真是善良！

🍃 **阅读策略**

1. 小朋友们，手套里先后住进了哪些有趣的动物呢？

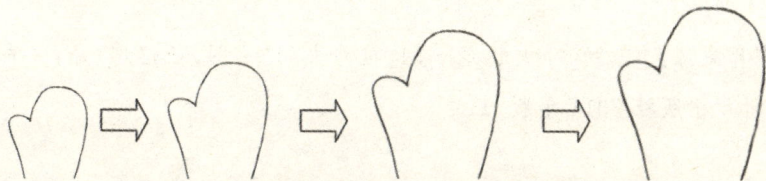

2. 真有意思，你发现动物钻进手套的规律了吗？

原来，动物们是由小到大钻进手套的呀！这手套可真神奇！

**🍂 亲子分享**

"爸爸妈妈洗耳恭听,熙哥的故事课堂开始啦!今天讲一只神奇手套的故事!"

"怎么神奇啦?"熙妈忍不住插嘴。

"注意课堂纪律!一个老爷爷带着猎狗去打猎,天气很冷,所以他戴了手套,在捡一只野兔的时候,丢失了一只手套……"熙哥滔滔不绝地讲开了。

"故事讲完了,熙老师,我有个问题,小老鼠为什么会请青蛙进去?他不知道手套会变大,手套都那么小,刚够他一人住呢!"熙爸眨巴着眼睛问。

"嗯,因为小老鼠孤单啊!"熙哥的眼睛眯成了一条缝。

"会分享的人,才会有朋友哦!小老鼠都知道,只有分享,才会不孤单,亲爱的孩子,你呢?"熙妈抚摸着熙哥的头。

"放心吧,妈妈,我的朋友可多啦!"熙哥做了个鬼脸,抱住了妈妈。

**🍂 读后感**

我拥有很多双手套,但它们从来没有像《手套》里老爷爷的那只手套那样神奇!绘本故事里的这只手套可以无限变大,小老鼠跑过来,住在了里面;一只青蛙跳过来,也住了进去;然后狐狸、狗熊、野猪接二连三地出现,都住进了大手套里面……它真是一个有魔力的手套。我想,如果最后来的是一只大象或者是一头鲸鱼,估计也能够住进去吧!

因为,这手套里的动物们都是互相谦让的!我想,这就像小马老师经常说的——"大肚能容"。我的心也要很宽容,这样,我的世界就像大海一样宽广,可以容纳很多很多本书、很多很多的朋友。

——杭州市天长小学　张峻熙

(图片来源:[苏联]叶夫格尼·M,拉乔夫/文·图,任溶溶/译:《手套》,二十一世纪出版社2011年版。)

# 拥抱：读《大熊抱抱》

12 月 8 日

### 小马老师的开场白

孩子们，今天是我们二十四节气中的大雪，很冷的日子，出门的时候，小马老师获得了家人的一个大大的拥抱，感觉温暖极了，所以一天上课都很有力量。刚刚下课时，王子哭着给小马老师看她的小伤口，小马老师抱了抱她，她就立即不哭了……一个拥抱很简单，一个拥抱很重要！敞开我们的怀抱，给彼此一个拥抱。我们来看看《大熊抱抱》吧！

### 故事导读

我们经常说"熊抱"，真的有一只心中充满爱与幸福的大熊。他很喜欢抱抱，每当他在森林里散步时，都会给有生命的东西大大的拥抱——不管是大大的动物、小小的动物，还是臭臭的动物。但是他最喜欢抱的还是树。一天，大熊看到一个拿着斧头的男人走进森林，大熊以为男人也非常爱树，可是啊……

🍃 **精彩片段**

不管大熊走到哪里，都会用一个又一个的拥抱来分享他的爱。

他甚至会去拥抱那些熊喜欢吃的小动物，当大熊遇到一只胖胖的小兔子，他会停下来，微微一笑，给小兔子来个大大的拥抱。

大熊张开大嘴，想要狠狠地咬这个砍树的男人一口，却突然停住了。他知道自己不管多么生气，都不会吃掉这个男人，这不是他想做的。大熊叹了一口气，决定做一件最棒的事。

他给了这个男人一个抱抱。不过，这个男人好像不太喜欢大熊的抱抱。大熊刚放开手，男人就立刻丢下斧头，跑得远远的。

### 微点评

大熊的肚子胖胖的，心也胖胖的！

如果有人做错事，我也会抱抱他！

能够拥抱自己的敌人，真是太不寻常了！

### 阅读策略

1. 大熊都拥抱了谁？
2. 你最欣赏大熊给谁的拥抱？为什么？

### 亲子分享

光远：大熊他散步时看到一个东西就要抱抱，不管是植物还是动物，他都要抱抱。

妈妈：很有爱心的感觉，这让我想起了《愤怒的小鸟》中那只一天到晚要抱抱的肥鸟。

光远：是的。他最后还打败了一个猎人，用的办法就是抱抱。

妈妈：真的吗？抱抱还能打败猎人？他是怎么办到的呢？

光远：他利用人害怕熊的心理特点。他看到猎人就主动去抱他，猎人一看到熊，丢了枪，撒腿就跑了。

妈妈：嗯，真是一只聪明的抱抱熊。

光远：对。他还抱了兔子、蛇、山羊等动物。

妈妈：我猜动物们应该不会害怕他的抱抱吧？

光远：不是的。动物们看到熊并不喜欢他。兔子被熊抱得太紧了，都快喘不过气来了。不过山羊很喜欢他的抱抱。

妈妈：为什么山羊会喜欢？

光远：因为山羊和他一样都是大型动物。山羊比较大，熊抱着他，他不会和小兔子一样喘不过气来。

妈妈：哦，我知道了。

光远：还有，其实大熊最喜欢抱的是大树。

妈妈：这个我知道原因，因为大熊可以抱着树蹭痒痒。

光远：错！他每天早上起来都要抱抱树就是一个习惯。

妈妈：好吧。对了，我想问问你，你知道如果在真实的生活中遇到熊，应该怎么办吗？

光远：知道，装死！我在自己的身上涂上一层番茄酱，在心脏这边，他就以为我死了。

妈妈：哈哈哈，我觉得熊应该不懂得判断心脏上红色的东西就是血。

光远：熊是不懂得判断心脏上的东西是血，但他一定知道人身上有红色的东西就是血，既然血都流出来了，熊就能肯定人是死的。

妈妈：好吧，那为什么装死有用呢？

光远：因为熊是不吃死的东西的。

妈妈：有道理。但是我不建议你逃跑，一般你是跑不过熊的。

### 🍃 读后感

《大熊抱抱》的故事温暖极了！大熊是一只看上去傻傻的实际上却很聪明的熊，他总是用自己的拥抱去温暖别人。当他喜欢的大树遭到破坏时，他没有用武力去解决问题，而是用温暖的拥抱去解决。这给我很大的启发，因为我也是一个胖胖的小男孩，经常容易和同学起冲突。如果我能够像大熊一样，不用武力解决问题，就不会和同学们有那么多次吵架了。

——杭州市天长小学　蓝天阳

（图片来源：[加拿大]尼古拉斯·奥尔德兰特/文·图，余治莹/译：《大熊抱抱》，河北教育出版社 2011 年版。）

# 我能行！——读《戴红围巾的松鼠》

12 月 10 日

### 小马老师的开场白

有的时候，一些生活中的物件会带给我们无穷的面对困难的力量！冬日，红色的围巾总给我激励和温暖。今天，我就带大家进入一个戴着红色围巾的小松鼠的故事。

### 故事导读

可爱的小松鼠相信大家都见过吧，可戴着围巾的小松鼠大家见过吗？小松鼠埃尔的妈妈要求他学会自己寻找橡果。虽然埃尔对怎么寻找橡果一无所知，但他还是决心证明给妈妈看他能做到。埃尔经过一番极具戏剧性的冒险，在红围巾的帮助下获得了成功。整个故事曲折有致，体现出小松鼠埃尔在走向独立过程中独具的勇气、果敢和智慧，以及自我实现后的喜悦与自豪，也表现了母爱的细致与友情的温馨。画面则简洁明快，很多图画主要是黑色与白色，只有围巾是红色的，对比强烈，富有美感。

🍃 精彩片段

围巾从他的脖子上滑落，向下飘去。

埃尔向下一探，快如闪电，一把抓住了围巾。"公牛，别撕碎我漂亮的礼物啊！"埃尔大嚷着。

🍃 微点评

只有自己亲身实践了，才知道怎样找橡果。

小松鼠埃尔真勇敢，即便对怎么寻找橡果一无所知，也依然大胆去做。

埃尔的妈妈很有智慧，能相信自己的孩子，会放手！

🍃 阅读策略

1.埃尔是怎么获得高高的树上的橡果的？

_____

2.我也知道一些动物的特点：

_____

### 🖋 亲子分享

"今天讲小松鼠的故事。"戴红围巾的启赫开始讲故事了。

"为什么小松鼠要戴红围巾呢?"妈妈问道。

"你等会儿就知道了! 松鼠妈妈让小松鼠埃尔去摘橡果,埃尔最开始对如何寻找橡果一无所知,但是在坚持不懈的尝试以及红围巾的帮助下,经历了戏剧性的冒险,最终成功摘到了橡果。"启赫滔滔不绝地讲开了。

"为什么故事里的野牛会撞到树上?"爸爸有点丈二和尚摸不着头脑。

"因为公牛看见红色生气了呀!"启赫笑得一蹦三尺高。

### 🖋 读后感

你看过《戴红围巾的松鼠》这本书吗? 肯定没有吧,你想看这本书吗? 如果想的话就让我带你们去看看吧!

小松鼠埃尔的妈妈让埃尔自己去找橡果,而埃尔对如何寻找橡果却一无所知,但他想证明给妈妈看他能做到,于是他在经过了一段曲折而又有趣的冒险后,终于拿到了橡果。

读完这个故事,我想起读大班时去加油站开发票,妈妈给了我 300 元,结果付钱的时候发现 200 元不翼而飞了,只剩下了 100 元,幸好 100 元够付,不然就惨了! 对了,其实我本来就很惨!

——杭州市天长小学　杜启赫

小松鼠埃尔的妈妈要求他学会自己寻找橡果。埃尔对怎么寻找橡果一无所知,但他还是决心证明给妈妈看他能做到。埃尔经过很多次冒险,在红围巾的帮助下获得了成功,找回了橡果送给妈妈。我真佩服埃尔的勇敢,但我更欣赏埃尔的妈妈。因为,真正的爱是学会放手,让他独立! 我的妈妈也是这么有智慧! 她会让我自己收拾书包,会让我自己练习跑步,会让我自己一个人静悄悄地完成作业,从不在我身边啰唆。我爱我的妈妈!

——杭州市天长小学　祝伟卿

(图片来源:[美]唐·弗里曼/文·图,吴式初/译:《戴红围巾的松鼠》,新星出版社 2013 年版。)

# 小小的心，大大的梦想：读《巴特恩的裁缝梦》

12 月 12 日

## 小马老师的开场白

12 月 12 日为"世界梦想日"。人人都有梦想，香香每天练习钢琴，吞吞每天练习游戏……他们也累，但是心中有梦想，每天就有练习的动力！孩子们，小马老师为你们的努力点赞！每个有追求的生命都会有梦，哪怕是一只不起眼的小狗。

## 故事导读

小狗巴特恩的梦想是什么呢？是做一个像玛德琳小姐一样的裁缝，巴特恩不是从小就有什么抱负和志向，他只是希望玛德琳小姐能收养他——就这么简单。尽管他的梦想谈不上伟大，或许只是一种冲动，但他坚持了，努力了，所以就实现了——他的梦想是怎么实现的呢？

### 📖 精彩片段

　　巴特恩蹦到地上，跟自己的尾巴玩了一会儿，一束光线从墙洞里照过来，他凑近洞口，看见玛德琳小姐正在灯光下辛苦地踩着缝纫机。她仔细地穿针，把丝带叠在一起修剪，并给布打上漂亮的褶。布的碎片飞得到处都是。

　　巴特恩从来没有见过如此美妙的画面！

　　阿尔伯特先生走进宠物店的时候，门上的铜铃发出了清脆的响声。

　　不寻常的事情要发生了！他想。

　　巴特恩坐在猫咪的旁边，穿着印有斑马图案的猫咪服，戴着一顶猫咪帽。他像烟斗一样的胡须随意地弯曲着，长长的猫尾巴激动地东摇西摆。

### 📖 微点评

我相信我也能当舞蹈家！

一只狗狗竟然能当裁缝？真是天马行空！

倒霉熊，别光说大话，要坚持努力才行！

### 📗 阅读策略

巴特恩为了吸引玛德琳小姐的注意力，偷偷给自己做了几套衣服？

(       ) (       ) (       ) (       )

### 📗 亲子分享

新颖：妈妈，你有梦想吗？

妈妈：当然有啊！今天怎么想起来问这个？

新颖：今天我想讲的故事是梦想。有一只小狗狗，他有一个梦想，就是当裁缝。

妈妈：小狗当裁缝，真稀奇！

新颖：小狗巴特恩很崇拜玛德琳小姐，于是他千方百计要引起玛德琳小姐的注意，他竟然能做一套猫咪服，还把衣服套在自己身上，跟猫咪待在一起，假装自己是只猫，特别萌！

妈妈：颖颖，你讲的这个故事真有趣，但妈妈却有点感动呢！我的梦想真的被耽误了。

新颖：没关系呀！妈妈，你常说，做起来了，怎么都不算晚！我们一起加油！

### 📗 读后感

我真的很佩服巴特恩，他是一只有坚持力的狗狗。为了让玛德琳小姐注意到自己,巴特恩动了一番脑筋。他悄悄地学玛德琳小姐精湛的剪裁技艺,用玛德琳小姐店里漂亮的材料不停地裁、剪、钉……当他花了整整一夜的时间,做好了一套猫咪服时,他太有成就感啦!所以,当玛德琳小姐终于注意到他时,他的激动是显而易见的,因为他用自己的努力赢得了关注的目光。于是巴特恩变得更加勤奋,小鸟服、金鱼服、蜥蜴服……一套比一套漂亮,一套比一套精彩。不知不觉中,巴特恩已经成了一名出色的裁缝,实现了自己的梦想。

　　每个人都有自己的梦想,我的梦想就是成为一名优秀的主持人,我会努力的!

——杭州市天长小学　涂新颖

　　(图片来源:[加拿大]伊莲娜·阿珊诺莉/文,[法]凡尼/图,赵盈/译:《巴特恩的裁缝梦》,东方娃娃杂志社 2007 年版。)

# 真假老鼠，找回自己：读《亚历山大和发条老鼠》

12 月 15 日

### 小马老师的开场白

今天洋洋跟我说，她不喜欢自己，觉得自己非常没用，爷爷生病住院，帮不了爸爸妈妈，学习也一团糟。我听了很理解，也很难过。怎样才能认清自己，找回自己？这个故事和你、和我、和所有的人都有关系，这里有什么是爱，什么是尊重，什么是关怀，什么是自由，什么是幸福。没有自主就没有真正的生活，我们能自主时，就是拥有了最大的能力！

### 故事导读

亚历山大是只如假包换的真老鼠，还有一只叫威利的发条老鼠。他们同样居住于一个叫安妮的女孩家里，威利可以登堂入室，被人抱，被人爱，而亚历山大则只能躲在黑暗的地下，找点面包屑充饥，可是那些遇到他的人，要么尖叫着喊救命，要么拿着扫帚来赶他。终于，机会来了，一只会魔法的蜥蜴，可以把亚历山大由一只过街的老鼠变成一只发条老鼠。最终，亚历山大完成自己的心愿了吗？

### 精彩片段

> "救命啊！救命啊！一只老鼠！"接着杯子、碟子和勺子满天飞。亚历山大只得飞快地奔回小窝。他要的只是一点面包屑，可每次人们看见他时总会尖叫着用扫帚追打他。

一天，亚历山大听到从安妮的房间里传来一声吱吱叫。啊，另一只老鼠，他长了两只小轮子，背上还有一把钥匙。

"你是谁？"亚历山大问。

"我是发条老鼠威利。人们拥抱我，晚上我睡在柔软的枕头上，旁边还躺着布娃娃和泰迪熊。他们都爱我。"

### 微点评

威利真幸运，遇到了好朋友亚历山大，变成了真正的老鼠！

亚历山大终于发现，自己的生活才是最好的，因为自己是自由的！

好朋友能让自己发生巨大的改变！我一定要对朋友很好很好！

**阅读策略**

1. 同样是老鼠,亚历山大和威利在安妮家受到的待遇一样吗?

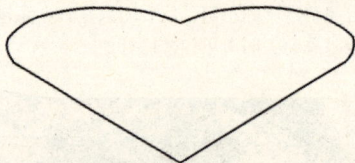

亚历山大

威利

2. 为什么亚历山大对威利既羡慕又嫉妒呢?

3. 想一想,你想当亚历山大还是威利?如果你是亚历山大,你会请蜥蜴把威利变成一只真正的老鼠吗?

**亲子分享**

"讲故事时间到,我已经准备好啦,可以开始了吗?"妈妈笑着对暖暖说。

"当然!今天我要讲的是亚历山大和发条老鼠的故事,妈妈你要竖起耳朵认真听哦!"暖暖得意地回答。

"亚历山大是什么人呀?这个发条老鼠是他的玩具吗?"妈妈很好奇。

"你仔细听我讲完故事不就明白了吗,哈哈……开始了哦:救命呀,救命呀……"暖暖清了清嗓门儿,声情并茂地讲起来。

"亚历山大太棒了,这才是真正的朋友!亚历山大终于找到了自己的价值,每个人的存在都是有意义的!"妈妈兴奋地说道。

**读后感**

亚历山大一心想着成为一只发条老鼠,发条老鼠是好,可是它失去了自由。亚历山大是一只活老鼠,他应该感到高兴。如果我是亚历山大,我会不会帮发条老鼠变成真正的老鼠呢?这是一个友谊的故事,来说说友谊吧!

友谊在同学之间很常见的。友谊是个有魔力的词,或许可以让羊和狼交朋友,可以让一对天敌心中充满温暖。不管是这样,还是那样,友谊始终离不开大家一步。当然有可能同学之间吵架了,友谊就藏起来了,在树后面?在云朵上？在天空中？不对,在同学们心里,只不过他们忘记了友谊。说不定什么时候,友谊又偷偷跑回来了。

——杭州市天长小学　何雨琦

（图片来源：［美］李欧·李奥尼/文·图,阿甲/译：《亚历山大和发条老鼠》,南海出版公司 2010 年版。）

# 冬至大如年：读《冬至阳生春又来：冬至节》

12 月 21 日

**小马老师的开场白**

冬至是我国农历二十四节气之一，是一个非常重要的节气，有"冬至大如年"的说法，也叫"亚岁"，是一年中阳春的开始。冬至这一天，北方大部分地方是要吃饺子的，南方则是吃汤圆。其实，不止我们过冬至，韩国人也过冬至。韩国有一本绘本，叫《红豆粥婆婆》，讲述了冬至吃红豆粥以避邪、去疾的饮食习俗，你们可以找来看看哦！

**故事导读**

冬至，你一定吃到了饺子或者汤圆吧！你知道冬至节为什么要吃饺子吗？你知道冬至节还有哪些习俗吗？这本《冬至阳生春又来：冬至节》绘本讲述了关于冬至的传说，让我们一起来发现我国传统文化之美吧！

☘ **精彩片段**

> 传说，当年东汉"医圣"张仲景辞官回乡，在大雪纷飞的路上，看到老百姓受冷挨饿，不少人的耳朵都冻烂了，便让弟子搭起医棚，在冬至这天分发"娇耳"。

> 1.张仲景把羊肉和驱寒药材放在大锅里熬煮，然后把羊肉、药材捞出来切碎。
> 2.用面把羊肉、药材包成耳朵状的"娇耳"。
> 3.煮熟后，分给来求药的人每人两只"娇耳"、一大碗肉汤。

☘ **微点评**

是啊，冬至，我们北方吃饺子！

我们中国的二十四节气里还藏着这么多有趣的故事呢！

呵呵，冬至，我们杭州吃年糕！

☘ **阅读策略**

宴阳跟着爷爷，了解到了冬至的哪些习俗呢？

| 冬至习俗 | 吃饺子 | 冬酿酒 | 冬舂米 | 九九消寒图 |
|---|---|---|---|---|
| |  |  |  |  |

### 🍃 亲子分享

豆豆：爸爸，今天是冬至节，我们读的绘本故事也叫《冬至阳生春又来：冬至节》，讲的是北京的一个小男孩家里过冬至的过程……

爸爸：北京人家里过冬至还真讲究！我们在南方，相对就简单一点。我们杭州人冬至喜欢吃年糕，图吉利，寓意年年长高。老杭州人在冬至这天，家家都是要吃年糕的，而且要一日三餐地吃。我们早餐喜欢用年糕蘸着芝麻粉白糖吃，中午喜欢吃肉丝炒年糕，晚餐吃年糕时，往往配的是雪里蕻、肉丝、笋丝汤。

豆豆：难怪我们晚上吃了肉丝炒年糕。

爸爸：二十四节气真是我们的非物质文化遗产！里面的宝贝太多啦！

豆豆：是吗？都有什么宝贝，拿出来给我看看？

爸爸：你又嘴馋了吧！

### 🍃 读后感

这本书里的知识太丰富啦！把我们冬至里做的事情都巧妙地浓缩在薄薄的绘本里，而且图片特别有味道，我很喜欢。

宴阳跟着爷爷一起去了吉祥胡同的"混沌侯"吃馄饨，听爷爷说了张仲景的"娇耳"的故事。看到这里，我终于知道为什么冬至要吃饺子和馄饨了，生活中的学问可真多，饮食中都有很多文化呢！

后来宴阳爷爷还喝了几口黄酒，讲起故乡绍兴还有"冬酿酒""冬舂米"的习俗。我对爷爷画的"九九消寒图"最感兴趣，在梅花树上每天染红一朵花，要画九九八十一天呢！

——杭州市天长小学　方怡笑

（图片来源：王早早/文，黄驰衡/绘：《冬至阳生春又来：冬至节》，北京师范大学出版社2012年版。）

# 雪花的联想：读《松鼠先生和第一场雪》

12 月 27 日

### 小马老师的开场白

孩子们，这几天真冷，还飘起了今年第一场雪。你们知道雪是什么样子的吗？对，雪花是六边形的、透明的。但是，松鼠、刺猬、狗熊从来没有见到过冬天的雪，他们想象中的雪花是什么样的呢？

### 故事导读

山羊先生说，冬天很美很美，雪花从空中片片飘落，森林里的一切都会变成白色。但是在冬天睡觉的松鼠、刺猬、狗熊从来没有见过冬天的雪。于是，在苦苦等待中，他们开始想象雪的模样……

✿ **精彩片段**

> 刺猬先生在草丛中找到了一支白色的牙刷，白白的，湿湿的，凉凉的……
> 这肯定就是第一片雪花！如果这就是雪花，那么冬天该是有多美丽啊……

✿ **微点评**

松鼠先生能看到第一场雪,也是因为有了刺猬、大熊等好朋友的陪伴!

松鼠先生真有毅力,一定要看到雪!

拥有好奇心才能有所发现呢! 不过,为什么人们有一句话,叫"好奇害死猫"呢?

✿ **阅读策略**

1.动物们都把雪花想象成什么了?

松鼠:_____    刺猬:_____    狗熊:_____

2.为了不打瞌睡,看到雪花,动物们想了哪些办法呢?

| 驱赶睡意 | | | |
|---|---|---|---|
| | | | |

### 🍃 亲子分享

奕程:"今天我给爸爸妈妈讲一个很好笑的故事——《松鼠先生和第一场雪》。故事是这样的:松鼠、刺猬、狗熊这三个动物非常期待冬天的到来……直到后来雪花飘落下来,它们才知道雪花的样子。"

当说到狗熊以为雪花是袜子的时候,奕程再也忍不住了,哈哈大笑。

爸爸妈妈也被故事逗乐了。妈妈问:"你觉得哪个动物的想象最有意思?"

奕程:"狗熊啊,因为袜子臭臭的,哈哈哈!牙刷也很有意思。只是铁桶是硬的,跟雪花差得比较多。"

爸爸问:"那如果换做你,你觉得雪花像什么呢?"

奕程:"棉花啊,软软的。"

### 🍃 读后感

这本书好有意思啊!

松鼠、刺猬、狗熊这三个动物非常期待冬天的到来。可是等也等不来,眼看着就要睡着了。为了避免在下雪前睡着,他们想了各种方法克服。然后,他们根据山羊的说法,各自寻找雪花。刺猬找到了牙刷,以为牙刷就是雪花,天上下雪就是掉牙刷;松鼠找到了铁桶,以为铁桶就是雪花,天上下雪就掉铁桶;狗熊最有意思,他找到了袜子,以为袜子就是雪花,天上下雪就是掉袜子,而且还有股怪怪的味道。直到后来雪花飘落下来,他们才知道雪花的样子,一个个睁大了眼睛,感到很惊讶。

我记得我第一次看到雪的时候,觉得雪像棉花,堆在地上,很漂亮。我也喜欢雪花!

——杭州市天长小学 赵奕程

(图片来源:[德]塞巴蒂安·麦什莫泽/文·图,刘海颖/译:湖北少年儿童出版社 2009 年版。)

# 不喜欢？喜欢？—— 读《哈利的花毛衣》

1月6日

## 小马老师的开场白

孩子们,今天小寒,我穿上了自己给自己织的红毛衣。这个冬天,我又学会了一项技能:织毛衣。你们知道吗? 这么一件毛衣,是用一根线织成的,所以要小心,一不留神,线头拉出来,说不定毛衣就不见了! 什么? 你们不相信? 那就听听《哈利的花毛衣》的故事吧!

## 故事导读

哈利的花毛衣
No Roses for HARRY !

[英] 吉恩·蔡恩 著 [美] 玛格丽特·布罗伊·格雷厄姆 绘 任溶溶 译
新星出版社 NEW STAR PRESS

奶奶送给小狗哈利一件花毛衣,可哈利不喜欢上面的玫瑰花图案。穿着它出门的时候,人们看到哈利都哈哈笑,小狗看到他都汪汪叫。哈利垂头丧气,当下决定要把这件礼物弄丢……

哈利想方设法要摆脱奶奶送他的花毛衣,他最后成功了吗?

124

🍃 **精彩片段**

> 毛衣开始在哈利眼前消失。
> 先是一条腿没有了——接着领子没有了——
> 接着另一条腿也没有了——然后背部没有了——
> 最后……

🍃 **微点评**

嗯！鸟妈妈真有眼光,给小鸟筑了毛衣巢！

狗狗也有自己的喜好！我们都要得到尊重！

奶奶真的很和蔼,都不批评哈利。

🍃 **阅读策略**

1. 你发现了吗？哈利的情绪波动就像心电图一样,从沮丧、得意、愤怒、失落到开怀……

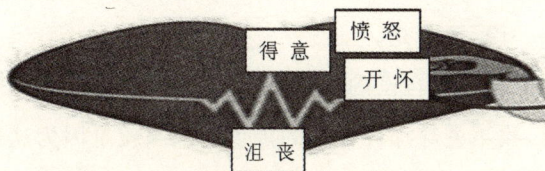

得意　愤怒　开怀　沮丧

2. 同样是穿毛衣，哈利的心情为什么会有这么大的变化呢？

哈利穿上这件毛衣后，觉得又暖和又舒服，可他还是不喜欢上面的玫瑰花。

他觉得这是他见过的最难看的毛衣。

圣诞节到了，哈利又收到奶奶的一件礼物，是一件新毛衣！

这件毛衣哈利喜欢极了。他穿上后觉得又暖和又舒服，

就像那只鸟待在它的鸟窝里一样。

最棒的是——这是件崭新的白毛衣。

### 🍂 亲子分享

辰毓：故事课开始啦！同学们马上坐好！今天我们要认识一只可爱的小狗，叫哈利，他很不喜欢玫瑰花毛衣……

妈妈：为什么哈利不喜欢玫瑰花毛衣，很好看啊！我喜欢！

辰毓：妈妈，你喜欢没用，得哈利喜欢才行。

爸爸：但是，哈利为什么又喜欢后面奶奶织的那件白底黑斑点毛衣呢？

辰毓：因为哈利觉得很适合自己呀！你看哈利的身体都是白白的，而耳朵尖和鼻子尖上是黑色的，不是和白底黑斑点毛衣很配吗？

妈妈：这么一说，还真是。

爸爸：看来狗狗也有自己的审美，我们也得尊重他们！

辰毓：妈妈，我不爱穿那件你买的黑色羽绒服就是因为这样！

妈妈：唉，好吧，我想办法转让给其他需要的小朋友吧！

### 🖋 读后感

《哈利的花毛衣》讲了一只小狗哈利,他被小朋友收养了,小朋友的奶奶给他做了一件花花的毛衣。哈利很不喜欢花毛衣,但他还是穿上了。他很想把它弄丢。他去超市跟大家逛街的时候,想把毛衣丢在他们走过的卖服装的地方,可他刚放下,主人便发现了,马上给捡回来,让哈利穿上了。哈利很烦恼,在回去的路上,一只小鸟叼了一根毛线,哈利一看,原来是他自己衣服的毛线。小鸟越飞越高,哈利的毛衣就一点点消失了。哈利很高兴,有人帮他把自己衣服上的毛线拉了一下,就可以让他脱离这个毛线衫了。小鸟越飞越高,越飞越高,哈利的毛衣也在变小,变小,变小……鸟儿飞得高高的,飞走了,哈利的毛线衣也没了。哈利非常高兴。奶奶回来了,也没关注哈利身上毛衣的事,她又给他织了新毛衣,刚好是哈利很喜欢的斑点毛衣,和他身体上的图案一模一样。哈利和奶奶一起在公园的树上找到了小鸟用花毛衣线做的窝。哈利很开心。

我很喜欢哈利,因为哈利很有主见。哈利知道自己是一只男狗狗,所以不喜欢穿花花绿绿的花毛衣,他喜欢穿和自己的身体颜色搭配的斑点毛衣。

——杭州市天长小学 田熠欣

（图片来源：[美]吉恩·蔡恩/文,[美]玛格丽特·布罗伊·格雷厄姆/绘,任溶溶/译：《哈利的花毛衣》,新星出版社 2012 年版。）

# 纾解情绪有方法：读《菲菲生气了》

1月8日

## 小马老师的开场白

期末临近，我们的压力好像都有点大了，近几天总是会有爸爸妈妈在电话里向我打小报告：我家的熊孩子又跟我吵架赌气了，还不吃饭。小马老师理解你们现在的心情，但是，坏脾气可是会影响身体的，必须宣泄出来。表达情绪的方式有很多，今天，菲菲就要给我们说说她生气的故事。

## 故事导读

我们有坏脾气吗？不要紧，坏脾气就像小狗一样，可以驯服它。《菲菲生气了》是关于情绪管理的一本好书。书的颜色变化丰富，随着情节的变化而变化，一开始是菲菲没有抢到玩具而生气的红色的画面；然后菲菲跑出家，来到树林，是紫色的画面；菲菲爬上树，心情好多了，是绿色的画面；最后菲菲回家了，是温馨的黄色的画面。每一幅图的文字虽然很少，但是内容丰富，表达了孩子生气的样子以及怎样自我调节情绪。用颜色来表达情绪，多么有意思啊！再看语言，菲菲生气了——非常、非常的生气，就像火山爆发一样，生动地描写出了孩子生气的模样，有意思吧？

### 精彩片段

> 菲菲生气了，她乱踢，她尖叫，她想把全世界都撕得粉碎。"粉碎！"菲菲怒吼道。

> 她大声咆哮，咆哮，嘴巴都喷出红通通的火来了。
> 她大声咆哮，咆哮，鼻子都冒出热腾腾的烟来。

### 微点评

生气的时候，我也会火山爆发。

跳跳鼠，这样很不好，你应该像我一样听听音乐，就不会生气了。

对，纾解不良情绪应该用温和的方法，要不然，亲人和好朋友都会被吓跑的。

🍃 **阅读策略**

1. 菲菲生气的时候是什么样的呢？会是什么表情？会做什么样的动作？会有什么语言呢？（小提示：关注菲菲三次发火的画面）

2. 说说画画，绘制情绪变化图。

你发现书本还用什么方法表达菲菲的情绪了吗？

你发现颜色的奥秘了吗？请完成阅读单。

情绪：◇ ◇ ◇

◇ ◇ ◇

动作：◇ ◇ ◇

🍃 **亲子分享**

光远：今天的故事是《菲菲生气了》。

妈妈：一听就是一个小女孩的故事。那个小女孩发生什么事情了吗？

光远：她很喜欢玩一个大猩猩玩具，轮到姐姐玩的时候，菲菲也想玩，两个人就抢起了玩具。妈妈认为应该是轮到姐姐玩了，于是菲菲就生气了。

妈妈：这样的话，就是菲菲不对了，姐妹俩应该遵守游戏规则，两个人轮着来，怎么能她一个人霸占玩具呢？

光远：其实是应该轮到菲菲玩的，只是姐姐不给她，妈妈也搞错了。

妈妈：我有点乱了，到底是应该轮到谁？

光远：这个故事就是这样写的嘛。

妈妈：我想想，你是想表达实际上应该轮到菲菲玩，结果在两个人抢玩具的时候，妈妈误会了，以为是菲菲抢了姐姐的，而姐姐也故意没有说清楚，造成了误会，所以菲菲很生气。

光远：其实前面我没有听得很清楚，是我自己编的。

妈妈：原来如此，那后面怎么发展了？

光远：后面我听得很仔细。后来，菲菲生气了，像火山一样，她的影子都是红的。

妈妈：然后火山爆发了。那么我关心最后妈妈把事情弄清楚了吗？

光远：不是妈妈弄清楚的，是菲菲弄清楚了。

妈妈：我是彻底弄不清楚了。

光远：哎呀，是菲菲后来离家出走了，但是最后在大树的帮助下明白了家庭的爱是多么重要，她还画了一张全家福。

妈妈：哦，我终于明白了。其实是菲菲跑出去后冷静下来就不生气了，觉得还是家人更重要，所以她弄清楚的是什么是该生气的，什么是可以原谅的。

光远：对！

### 读后感

上周五，我们读的故事是《菲菲生气了》。小马老师的嗓子哑了，她告诉我们，她只能轻轻地给我们讲故事。不过一点都不用担心，我们听故事时总是最安静的。

故事里有一个叫菲菲的小女孩，她在玩一个毛茸茸的布娃娃。姐姐把布娃娃拿走了，于是菲菲发怒了。她就什么都踢，她的眼睛都变成红色了。菲菲气得都喷火了，变成了一座发怒的火山。她就跑到外面去了，树木、花草都烧焦了。菲菲看见了一棵大树，她就爬上了那颗大树，跟大树一起聊天，聊完天她就抱着大树，感觉大树也抱着她。后来她就自己跑回家了，大家看见她跑回来非常开心。

我觉得菲菲不能那么爱生气，她应该笑眯眯的。她应该让一让姐姐。但后来她承认了错误，也是值得表扬的。生气时我们可以做些什么呢？大家都各有各的方法，小马老师说听音乐，我的好朋友说跳绳，我的方法就是吃饭。

——杭州市天长小学　罗雨莳

（图片来源：[美]莫莉·卞/文·图，李坤珊/译：《菲菲生气了》，河北教育出版社 2009 年版。）

# 传统文化故事多：读《老鼠娶新娘》

1 月 20 日

**小马老师的开场白**

孩子们,今天是我们二十四节气中的大寒,你们还记得一年级学过的节气歌吗?

"春雨惊春清谷天,夏满芒夏暑相连,秋处露秋寒霜降,冬雪雪冬小大寒。"

这一年,不知不觉都到年末了,"大寒大寒,无风也寒",更何况今天我们外面还刮着大风。在这传统的日子里,小马老师想带给大家一个传统的故事——《老鼠娶新娘》。

**故事导读**

老鼠村长想把自己的女儿嫁出去,要嫁给世界上最强的人,于是老鼠村长想应该是太阳吧,可是太阳说云朵来了就把他遮住了。于是老鼠村长去找云朵,云朵说风来了就把他吹走了。老鼠村长又去找风,风说他最怕墙,遇到墙,他就过不去了。结果墙又说,他呀,最怕老鼠打洞。最后老鼠村长还是决定把自己的女儿嫁给老鼠!

### 🍃 精彩片段

里面有一首小童谣，看一看吧！
小白菜，地里黄，老鼠村，老村长，
村长女儿美叮当，想找女婿比猫强。
太阳最强嫁太阳，太阳不行嫁给云，
云不行，嫁给风，风不行，嫁给墙，
墙不行，想一想，还是嫁给老鼠郎。
花对花，柳对柳，鸡嫁鸡，狗嫁狗，
簸箕簸箕配扫帚。
一月一，年初一，一月二，年初二，
年初三，早上床，今夜老鼠娶新娘。
大小老鼠来帮忙，抬花轿，搬嫁妆，
新郎新娘早拜堂。
一拜堂，二拜堂，三拜堂来入洞房。

### 🍃 微点评

老鼠虽小，也有别人比不上的本事呢！

书里面的图片真好看！特别有传统民族范儿！

对啊，不能小看任何人！天外有天，人外有人！

### 🍃 阅读策略

1. 你们认为谁是世界上最强的新郎？

　　　　太阳　　云　　风　　墙　　老鼠　　猫

2. 尽管他们不是世界上最强的新郎，可是他们都有自己最强的地方，他们最强的地方分别是什么呢？

　　　　照　　遮　　吹　　挡　　打洞　　抓

### 🍃 亲子分享

小宝：爸爸，我的记忆力很好的。故事开头有一首老鼠娶新娘的童谣：一月一，年初一。一月二，年初二。年初三，早上床，今夜老鼠娶新娘。在中国的习俗中,年初三是老鼠娶新娘的日子,你知道它的来历吗?从前,在一个村庄的墙角下,有个老鼠村。村长的女儿很漂亮,村里的小伙子都想娶她做新娘……

爸爸:《老鼠娶新娘》这故事我小的时候好像也听过,叫《老鼠嫁女》,真是够老的了!真的是太传统了!

小宝:爸爸,你小时候就听过了呀?你说故事传统,到底传统在哪些地方呢?

爸爸:这可难不倒我!你看,书里有热闹的结婚场面,还到处都是我们的剪纸"囍"字,还有朗朗上口的童谣,都是我们传统文化的具体体现啊!

小宝:老爸,我真崇拜你!

### 🍃 读后感

《老鼠娶新娘》的故事有趣极了!我们大家都知道的是:太阳最强大,乌云会遮太阳,大风会吹走乌云,围墙能挡住大风,老鼠会咬坏围墙,猫会捉老鼠,难道要把女儿嫁给猫吗?世界上没有最强的新郎,只有最合适的新郎。

《老鼠娶新娘》不仅故事吸引我,里面的童谣更吸引我,小马老师讲一遍,我再讲一遍,几乎都能背了呢!故事结尾是那种传统歌谣,美极了:小白菜,地里黄,老鼠村,老村长,村长女儿美叮当,想找女婿比猫强……

——杭州市天长小学　张汝成

(图片来源:张玲玲/文,刘宗慧/图:《老鼠娶新娘》,二十一世纪出版社2008年版。)

# 团团圆圆过大年：读《团圆》

2 月 1 日

### 小马老师的开场白

孩子们，盼望着，盼望着，春节马上就要来临了，我们也即将放寒假了！春节是我们中华民族最重要的传统佳节，我也要回到故乡探望我的爸爸妈妈，和他们团聚了。今天我们一起来读读《团圆》，体会不同家庭的团圆春节。

### 故事导读

绘本《团圆》讲述了小女孩的爸爸在外面工作，过年从外地回来，和她一起度过的几天幸福生活：做汤圆吃出幸运币，修理家里的房顶看到舞狮子的场景，晚上和爸爸妈妈一起睡觉，听着他们轻轻地谈话……直到爸爸又要出发的时候，小女孩将幸运币放到了爸爸的手中……

团圆

余丽琼／文　朱成梁／图

明天出版社

135

### 精彩片段

我远远地看着他，不肯走近。
爸爸走过来，一把抱起我，用胡子扎我的脸。
"妈妈……"我吓得大哭起来。
"看我给你买了什么？"爸爸赶紧去掏他的大皮箱……哦，好漂亮的帽子！
妈妈也换上了爸爸买的新棉袄。

### 微点评

我要和爸爸妈妈去家乡看爷爷奶奶外公外婆啦！

过年啦！过年就是团圆的日子！

我们穿新衣，包饺子……

### 阅读策略

团圆，就是一家人在一起高高兴兴地做事。过年时，"我"和爸爸妈妈一起做了些什么事呢？"我"的心情有变化吗？

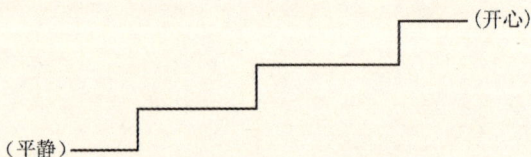

（开心）

（平静）

### 🍃 亲子分享

翰翰：妈妈，快要过年了，我们该回义乌老家了吧？

妈妈：是的，你想老家啦？

翰翰：对啊！好久没回去了呢。我还想爸爸了。今天我要讲个关于过年的故事，也是关于团圆的故事，书名就叫《团圆》。

妈妈：这么温暖的书名，一定是个温暖的故事。

翰翰：小女孩的爸爸过年从外地回来，给小女孩带回一顶帽子做礼物……过完年，爸爸又要去外地工作了，小女孩很舍不得爸爸，把吃饺子得到的幸运币送给了爸爸。

妈妈：小女孩真孝顺，真是个温暖的孩子。

翰翰：过年的时候，我们也一起包饺子吧！我要把拿到的奖励糖包进去！

妈妈：好呀！我的小翰翰长大啦！

### 🍃 读后感

《团圆》这个故事很打动我。因为我和爸爸妈妈还有姐姐平时都不太见得着，只有周末的时候才能见面。所以，周末是我快乐的时间，因为我们一家人可以团团圆圆。

我和故事里的小女孩一样，在爸妈离开我去工作的时候也很难过，但是我知道，我不能让他们担心。

——杭州市天长小学　吴政翰

（图片来源：余丽琼/文，朱成梁/图：《团圆》，明天出版社 2008 年版。）

# 不做丢三落四的西蒙：读《阿黛拉和西蒙在巴黎》

2月27日

### 小马老师的开场白

开学啦，一切都是崭新的，经过一个漫长的寒假，很多小朋友长大了，新学了很多本领。但也有些小朋友把好习惯给弄丢了，比如整理物品的习惯。这几天，小马老师的"失物招领"宝盒里物满为患，铅笔和橡皮都快挤爆了，怎么办呢？希望听完这个故事，我们能不做丢三落四的西蒙，学当阿黛拉，帮助丢三落四的同学找回失物，养成好习惯。

### 故事导读

阿黛拉和西蒙是一对可爱的姐弟，和所有的姐弟一样，姐姐唠唠叨叨，弟弟拖拖拉拉，在巴黎上演了一出又一出闹剧！西蒙有丢三落四的习惯，一不留神，围巾被恐龙牙齿勾走了；一不留神，帽子不翼而飞了……他的外套、书包、书、画笔……都哪儿去了呢？绘本《阿黛拉和西蒙在巴黎》不仅能让我们读出西蒙的马虎，还能读出那些物品的可爱，以及姐姐对弟弟满满的爱。

### 精彩片段

他们很快就来到了自然历史博物馆，这里有很多恐龙化石。

他们和博物馆的保安登特先生打了招呼。

西蒙戴着他的帽子、手套，穿着毛衣和外套，背着书包和他的蜡笔，却没有了他画的那张猫。

可是，他的围巾到哪儿去了？

"西蒙，你怎么能这样丢东西呢？"阿黛拉责怪弟弟。

西蒙耸了耸肩，又摇了摇头，他也不知道啊！

打开门，呀，全都是西蒙的东西！

晚上，睡在床上的西蒙天真地问姐姐："明天，你会去接我回家吗？"

"当然。"听姐姐这么一说，西蒙安心地睡着了。

### 微点评

西蒙真是个粗心大意的马大哈！到哪儿都掉东西。

西蒙是因为太好奇周围事物才掉东西的！他很有好奇心！

姐姐和邻居们都一直在帮西蒙。西蒙有一天会长大的！

🍃 **阅读策略**

这本绘本别具一格,西蒙可是个丢三落四的小男孩哦,他身上足足有十件东西不见了,究竟在哪里呢？答案就藏在图画中,需要你在阅读中寻找线索、顺藤摸瓜。

1. 读一读绘本,你发现西蒙丢失了哪些东西？

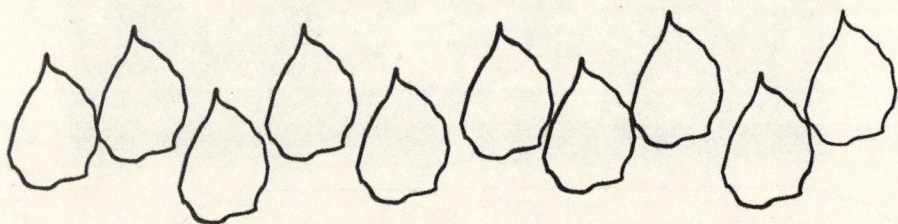

2. 这些东西都丢在哪里了呢？请在书中圈出这些东西。

3. 你能画出西蒙失物的路线吗？

| | |
|---|---|
| 杂货店 | 巴黎植物园 |
| 历史博物馆 | 圣米歇尔地铁站 |
| 卢森堡公园 | 法国禁卫军乐队 |
| 卢浮宫 | 梅笙卡都蛋糕店 |
| 巴黎圣母院广场 | 侯昂庭院 |

🍃 **亲子分享**

爸爸：这本书真有意思,尤其是书本里的地点,我们下次去旅游一定要去巴黎历史博物馆、圣米歇尔地铁站,还有……你对哪个地方最感兴趣？

迷糊豆：我最喜欢卢森堡公园和卢浮宫。

爸爸：你还记得西蒙在卢森堡公园丢了什么吗？

迷糊豆：这难不倒我,在那棵公园的大树上有西蒙的手套。

爸爸：西蒙真是个让人头疼的小迷糊。

迷糊豆：嗯,不过,我也经常丢东西,尤其是铅笔。

爸爸：那丢失的铅笔能找回来吗？

迷糊豆：应该可以,明天我到小马老师的失物招领盒里看一看。

## 🍃 读后感

西蒙真是个丢三落四的孩子,他丢了一连串的东西:一条长长的、黄黄的围巾,三本厚厚的书,一张画,一双红红的手套,一顶蓝蓝的帽子,五种颜色的蜡笔,一个方形的书包,一件蓝色的外套,一件温暖的毛衣。

我很喜欢书本里的图画,就像去巴黎旅游了一次。我还发现他那条长长的围巾被恐龙的牙齿勾住了,他那四种颜色的蜡笔都丢在了不同的地方……怎么样,我的观察力还可以吧。只要你仔细去看图片,你也能发现西蒙是怎么把东西一件一件丢失的。

我最喜欢大家排着队给西蒙送东西的图片。好心人都排成了一条长长的队伍:第一位是杂货店的老板娘拜丝奎太太,第二位是巴黎植物园的园丁皮尔先生,第三位是历史博物馆的保安登特先生,第四位是圣米歇尔地铁站的那只小狗,第五位是卢森堡公园里最中间的小姑娘,第六位是法国禁卫军乐队里他们的朋友珀尔,第七位是卢浮宫里遇见的美术老师秋女士,第八位是梅笙卡都蛋糕店的服务员波本先生,第九位是巴黎圣母院广场上叠罗汉的杂技演员,第十位是侯昂庭院里帮阿黛拉找到西蒙的邮递员爱德瑞。这是我最喜欢的一页,西蒙经过的每一个地方都有人关心他们、帮助他们,人与人之间不就应该是这样的嘛!我也要做一个热心人,帮助大家。

——杭州市天长小学　杜启赫

(图片来源:[美]芭芭拉·麦克林托克/文·图,萧萍、萧晶/译:《阿黛拉和西蒙在巴黎》,上海人民美术出版社 2008 年版。)

# 谁下的蛋最奇妙？ —— 读《最奇妙的蛋》

3 月 1 日

**小马老师的开场白**

开学啦！万物复苏的春天来临，大自然精彩纷呈。我们的世界很精彩，小动物们的世界同样也很精彩，每天都有奇妙的、令人惊奇的事情发生，今天就让我们一起来读一读《最奇妙的蛋》吧！

**故事导读**

**最奇妙的蛋**

文·图／[德]赫姆·海恩　译／李紫蓉

明天出版社

从前有三只母鸡，分别是：圆圆、琪琪、毛毛。她们三人是好朋友，可是有一天她们在为"谁是最漂亮的鸡"吵了起来。圆圆有漂亮的羽毛，琪琪有长而有力的腿，毛毛有花瓣一样的鸡冠，她们都认为自己是最漂亮的，最后竟然吵到了国王的宫殿。国王说谁下的蛋最奇妙就封谁当公主，圆圆下了个白净并有亮光的蛋，琪琪下了个带有梅花图案的蛋，毛毛下了个正正方方的彩蛋。由于她们的蛋都很奇妙，所以国王决定让她们都当公主，她们依然是好朋友，依然各下各的蛋——白净的蛋、梅花蛋、正方形的蛋！

### 精彩片段

> 　　不久，她轻轻地叫了一声，然后站起来，让大家看这个就算过了一百年也没有人会忘记的蛋。
> 　　在大家面前，有一个四四方方的蛋。每一边都像用尺子画的那样直，每一面都有不同的颜色，而且十分鲜艳。
> 　　"这真是我见过最不可思议的蛋！"国王叫了起来，所有的母鸡也都点头赞成。

### 微点评

不一样的母鸡生不一样的蛋，都那么稀奇！各有千秋！

对，如果你有奇思妙想，你有创意，你的生活就会变得很快乐。

世界上没有两片相同的树叶！我们要尊重差异。

### 阅读策略

1. 她们下出来的蛋都很漂亮，不过谁的最奇妙呢？她们的蛋各有什么特点呢？

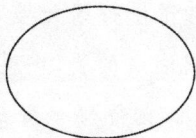

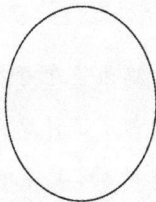

2. 圆圆、琪琪、毛毛都很自信,她们在争论到底谁是最漂亮的母鸡。想一想,三只母鸡为什么争吵?国王为什么让圆圆、琪琪、毛毛都当了公主?

### 🍃 亲子分享

"又到了故事时间了!"妈妈迫不及待地提醒阳阳。

"今天的故事是《最奇妙的蛋》!"阳阳马上答道。

"最奇妙的蛋?是什么样子的?"妈妈投来好奇的目光。

"不要着急,等一下你就知道了。我现在就开始讲故事,从前有三只母鸡……"阳阳绘声绘色地讲着。

"没想到蛋也有这种形状呀!三只母鸡太厉害了!"妈妈惊讶地说。

"三只母鸡厉害在哪呢?"阳阳抿着嘴追问道。

"三只母鸡都很自信,各有各的特点啊!就跟我们人类一样!每个人如此不同,但每个人都有把小刷子!"妈妈思考了几秒钟,若有所思地说。

"哦,那我也有一把刷子咯?"阳阳笑着问。

"你正在培养你的'小刷子'呢!"妈妈摸着阳阳的头说。

### 🍃 读后感

三只母鸡漂亮、可爱而且自信,都认为自己是最漂亮的。她们下出来的蛋也很与众不同,既有干净没有一点灰尘的,还有带梅花图案的,甚至还有正正方方的彩蛋,真是让人难以置信!她们都很棒,就像我们身边的每个小朋友,虽然只有九岁,但各自都有闪光点和特长,有的画画非常棒,有的唱歌非常好听,有的钢琴弹得好……相信只要坚持发挥各自的特长,我们的梦想都会实现!同时我还觉得国王是个公平公正的人,他看到了三只母鸡各自的优点,给了她们平等的对待,让她们尽情地发挥各自的优势。假如我是他,我会不会因为喜欢漂亮的梅花蛋,而忽略了另外两只母鸡的独特之处?

——杭州市天长小学　谢仲阳

三只母鸡为了争夺公主的位置,在国王的主持下进行了一场下蛋比赛。来看看她们都下了什么奇妙的蛋吧:圆圆生出了圆溜溜的蛋,琪琪生了一个带梅花图案的蛋,毛毛生了一个四四方方的蛋。你觉得哪个蛋最奇怪、最神奇?

  我觉得,这三只母鸡都已经很努力了,都很棒! 就像我的同桌很会跑步,而我很会书法一样。

——杭州市天长小学 仲雨欣

  (图片来源:〔德〕赫姆·海恩/文·图,李紫蓉/译:《最奇妙的蛋》,明天出版社 2009 年版。)

# 学雷锋,温暖他人:读《借你一把伞》

3月5日

 **小马老师的开场白**

春雨绵绵,早上值周的时候,我和值周班的同学们站在门口迎接大家的到来。有的同学没有穿雨衣,值周班的同学们就撑着小伞把大家一个接一个送到教学楼,这样小小的举动可真温暖呢! 3月5日是"学雷锋日",我们应该经常问问自己:我还可以做些什么小事温暖他人?

**故事导读**

娜娜喜欢到家旁边的小树林里去玩。因为那里有她的好朋友们。猜猜她的好朋友是谁? 没错,他们是小蚂蚁、小青蛙、小兔子、小山狸还有大熊。有一天,她在森林里玩,突然下起了大雨,她马上就要被淋成落汤鸡了,怎么办呢? 谁会借她一把伞呢?

**精彩片段**

小兔子捧着胡萝卜蹦过来了,说:"借你一把伞。"
"嗯,小兔子的伞会漏雨!"

146

**微点评**

大家都用自己适合打的伞,还是人类的朋友狗狗最了解情况!

小动物们真棒,学会关心他人,都给娜娜送伞!

小动物的伞与人类常用的伞不一样,不同动物的伞与他们身体特征

及生活环境有关系。

**阅读策略**

1.绘本中,一共有几位好心人借给娜娜伞了呢?

2.你发现他们的伞有什么不同了吗?

### 🍃 亲子分享

跳跳鼠：爸爸，如果外面下雨了，你又没带伞，你该怎么办？

爸爸：当然是买一把伞，或者是借一把伞。

跳跳鼠：如果你恰好在森林里面呢？

爸爸：那就买不了伞，也借不到伞了，只能被淋成"落汤鼠"了。

跳跳鼠：哈哈哈，那也不一定。娜娜就很受欢迎，有很多小动物送给她自己的伞，比如小蚂蚁就送了她一把三叶草伞……

爸爸：对，我也可以借大熊的芭蕉叶伞，我有力气，呵呵呵！

### 🍃 读后感

《借你一把伞》这个故事很简单，就是一群动物朋友帮助娜娜遮雨的故事。娜娜喜欢到家旁边的小树林里去玩，结果下雨了，小蚂蚁、小青蛙、小兔子、小山狸还有大熊都要把自己的伞借给娜娜。可惜，小蚂蚁的伞很小，原来它是一片小树叶。小青蛙的伞是漏斗伞，因为小青蛙根本不怕下雨。小兔子的伞会漏雨，哦……她的伞原来是一根胡萝卜。小山狸的伞刚刚好，可是风一吹雨水就漫出来了。大熊的伞真大，可娜娜拿了一下，好重啊，娜娜可没有大熊的力气大，所以大熊的这把伞娜娜也不能用。这时候，小狗强强带着伞跑过来了，这正是妈妈刚刚为娜娜买的小红伞。娜娜高兴极了，大家也都高兴极了！

我很喜欢最后那一张画面，雨还在继续下着，娜娜和她的朋友们一起撑着伞排排走。"还有谁没有伞呢？"他们还想着要帮助其他人呢！

我今天早上就是值周队员，我也帮助了没有带伞的同学，帮他们遮着雨走进教室。我感觉非常开心。

——杭州市天长小学　张天瑜

（图片来源：[日]小出保子/文·图，何奕佳/译：《借你一把伞》，南京师范大学出版社 2012 年版。）

# 我想和小白做朋友：读《小白找朋友》

3 月 10 日

 **小马老师的开场白**

你有朋友吗？一定有。你是怎样交到朋友的？小白一直没有朋友，后来才好不容易交到了一个朋友。我们来读一读《小白找朋友》，看看他是怎样找到朋友的。

**故事导读**

故事发生在一个遥远的岛上，幻想朋友——小白就出生在那里。他耐心地等待着能有一个真实的小孩想象到他。然而，在一次又一次的失望之后，他决定出发去寻找。他踏上了一个不可思议的旅程，来到了闹哄哄的城市。在那里，他终于遇到他最完美的朋友，并获得了自己的名字：小白。

**精彩片段**

一开始，他们不知道干什么。
在这之前，他们谁也没有交过朋友。
可是……很快他们就知道，他们在一起时
多么美好。

**微点评**

我也想和小白做朋友！我经常和梦里的好朋友倒霉兔玩！

哈哈，你也有假想朋友？我们要勇敢地去打开心扉，寻找朋友。

小白真乐观，现实世界都那么糟糕了，可是小白还是带着信念，一路

寻找。

**阅读策略**

小白是用什么样的方式交到了什么朋友？

| 朋友 | | | | |
|---|---|---|---|---|
| 交往策略 | | | | |

## 🍃 亲子分享

香香：今天，我给爸爸妈妈讲一个《小白找朋友》的故事。小白出生在一座很远很远的小岛上，所有的幻想朋友都诞生在那里。他们在那里生活，在那里玩耍，一个个都等待着有个真实小孩能想象到自己……

妈妈：这些幻想朋友是幻想出来的？

香香：我觉得不是的！这些幻想朋友是先出生，然后有小朋友想象到他们，他们就被小朋友接走了。

香香：真实的世界是一个奇怪的世界：没有孩子在吃蛋糕，没有人停下来听听音乐，每个人都在打盹……

爸爸：这是哪个真实的世界啊，我们身边的世界可不是这样的，我爱吃蛋糕，爱听音乐，也舍不得打盹呢。

妈妈：是啊是啊，我们都是热爱生活的人。最后，小白找到了他的朋友。爱生活的人爱朋友，我们也是这样的吧。

## 🍃 读后感

看到孤独岛的小白没有人认领，我真为他担心。又看到小白的同伴们被小朋友领走，我为他们祝福。看到"真实世界是一个奇怪的地方：没有孩子在吃蛋糕，没有人停下听听音乐，每个人都在打盹"，我就想，如果现实世界是这样的冷漠，那人们就不会从生活里感受到快乐。幸好我身边的人不是这样的，他们个个爱吃蛋糕，个个爱听音乐，有一些喜欢打盹，但也很热情。

"小白看到熟悉的身影马上跟了过去。"你看，小白多开心。以前他那么孤独，好不容易看见了老朋友，他就仿佛阳光照到了身上，浑身暖洋洋的。

他爬上树，树上的叶子好像想跟他交朋友，当"你好"声到来时，小白不知有多开心。他爬下树，跟小女孩做朋友。小白第一次和朋友一起玩，觉得十分开心。

——杭州市天长小学 陈沐赟

（图片来源：[美]丹·桑塔特/文·图，陈懿、杨玲玲/译：《小白找朋友》，中信出版社 2015 年版。）

# 每个人都是特别的：读《箭靶小牛》

3 月 24 日

### 小马老师的开场白

昨天的"成语故事分享会"上，很多小朋友非常自信，讲故事的时候声音响亮；也有小朋友音量本身就不大，但也很努力地讲述。今天小马老师要把奖励发给你们所有人！每人一颗"甜蜜蜜"！

每个人都有不同的特点，就像每个人有不同的声音一样。今天小马老师给大家带来的绘本名叫《箭靶小牛》，听书名大家就觉得很奇怪吧！为什么小牛会和箭靶联系在一起？箭靶对这只小牛的生活又会有什么影响呢？让我们一起来读一读《箭靶小牛》，你的疑问就能迎刃而解了。

### 故事导读

"妈妈，为什么我的脸一圈一圈的？谁能拿掉我的箭靶呢？"箭靶小牛》是一只长得非常可爱的小牛，偏偏生出来的时候，头上长了像箭靶一样的圈圈，因此常常成为别的小牛捣蛋捉弄的对象。非常会唱歌的箭靶小牛，只能在夜里，对着月亮哭诉……箭靶小牛会一直这么不自信吗？

### 精彩片段

> 爸爸知道了，就替他用颜料把箭靶的图案遮盖住，这样看起来就和其他小牛没什么两样。

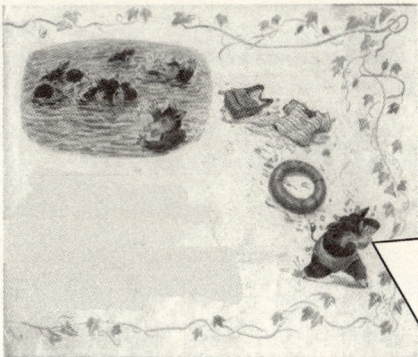

> 有一天，糟糕的事情又发生了。
>
> 牛老师带大家上游泳课，大家都开心死了。箭靶小牛一高兴，就跟着其他小牛一起，"噗通——"跳到了池里去。
>
> 结果……好惨！
>
> 他脸上的颜料被洗掉了。
>
> 每只小牛都笑得东倒西歪。
>
> 箭靶小牛跑回家。
>
> "呜呜……"地哭诉。
>
> 哭着哭着，他银铃般的歌声又响起："上帝啊！我好气你。我脸上的箭靶，是你给我的吗？如果你要我原谅你，请快把箭靶拿走……"

### 微点评

每个人都有不完美！箭靶小牛真可爱！我们要尊重他！

对！我很胖，有点像箭靶小牛，不过我相信，通过努力，这些缺陷可以变成我的优势，我会成为大家重视和崇拜的对象！

上帝对每个人都是公平的，当上帝为你关闭一扇窗的时候，一定会为你打开另一扇窗！

✿ 阅读策略

1.箭靶小牛是怎样找回快乐的？

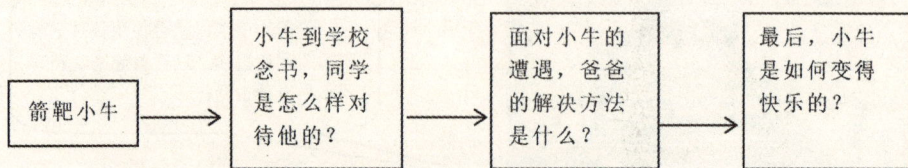

```
┌─────────┐     ┌──────────┐     ┌──────────┐     ┌──────────┐
│         │     │小牛到学校 │     │面对小牛的 │     │最后，小牛 │
│ 箭靶小牛 │ ──> │念书，同学 │ ──> │遭遇，爸爸 │ ──> │是如何变得 │
│         │     │是怎么样对 │     │的解决方法 │     │快乐的？   │
│         │     │待他的？   │     │是什么？   │     │          │
└─────────┘     └──────────┘     └──────────┘     └──────────┘
```

2.如果你是箭靶小牛，你会对欺负你的其他小牛说什么？

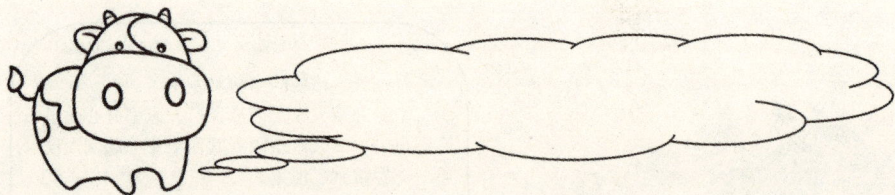

✿ 亲子分享

翊泽：今天我和爸爸妈妈一起看了《箭靶小牛》的故事，好多画面都非常有趣，其中一幕就是爸爸为了让小牛看上去和其他小牛没两样，就用颜料把箭靶的图案遮盖住。结果上完游泳课，颜料被洗掉了，小牛被嘲笑得更厉害了。

爸爸：这就是箭靶小牛的特别之处，不管用什么办法都是掩盖不掉的。不是吗？

翊泽：箭靶小牛为了不让别人看到他头上的箭靶，替自己做了一个头罩，从早到晚戴在头上，我觉得好难过啊！

妈妈：是的，我也和你一样难过。那如果你是箭靶小牛的同学，你会怎么做呢？

翊泽：我一定会和他成为朋友的！要是有人欺负他，我会告诉那个人：每个人都有不同的特点，要学会尊重。

爸爸妈妈：我的好孩子，相信你一定会做到。

🖋 **读后感**

　　故事中的箭靶小牛是一只很特别的小牛,他一出生头上就长了个"箭靶"图案,因此其他小牛就取笑他、欺负他。有一次他参加歌唱比赛,被人发现他很会唱歌的优点,最终成为合唱团最受欢迎的小牛,同时也成为其他小牛的偶像,连头上的"箭靶"也成为好看的象征。

　　当我看到箭靶小牛被其他小牛嘲笑、欺负的画面时,真想跑进书里去大骂那些坏小牛一顿。当全家人在脸上全画上箭靶,和箭靶小牛一起去参加合唱团的比赛时,箭靶小牛用动听的歌声唱出了对家人的感谢,我也觉得好感动。可是后来一场倾盆大雨洗掉了全家人脸上的箭靶图案,只有箭靶小牛的箭靶还在,箭靶小牛决定永远把头罩在头罩里,再也不唱歌了,我又为小牛感到伤心难过。直到箭靶小牛收到多明哥的来信,他才终于明白:每个人都不是十全十美的,要相信自己的特别之处,学会从不同角度欣赏自己。

——杭州市天长小学　王翊泽

　　(图片来源:王淑均、张允雄/文,张哲铭/图:《箭靶小牛》,台北安和扶轮社 2009 年版。)

# 不怕，不怕：读《狮子不怕打针》

4 月 7 日

### 小马老师的开场白

大部分孩子会害怕去医院看医生，而他们的激烈反应也会让父母陷入焦虑和恐惧。如果父母能帮助孩子想象，温和地转移其注意力，就可以帮助他们减少焦虑。在《狮子不怕打针》这个故事里，莫莉的医生邀请她扮演不同的动物，用这个方法帮她放松，使她对检查过程很感兴趣。

### 故事导读

莫莉很担心，是她该去看医生的时候了，可她不想去。莫莉喜欢瑞安医生，但是她不喜欢打针！然而，运用想象，莫莉在最需要的时候，成功地寻找到了自己内心那只勇敢的大狮子。

● 精彩片段

> 瑞安医生让我念那些贴在墙上的字母。
>
> 他说："我还没发现，原来你是只老鹰呢。那是你的翅膀吗？"
>
> "我不是老鹰啊。"我回答。
>
> 瑞安医生用灯照向我的眼里，让我朝上朝下看。
>
> "你的眼睛很好，"他说，"我敢打赌，你肯定能找到那只跟你玩捉迷藏的小老鼠。"
>
> 瑞安医生检查我的鼻子，还轻轻地捏了捏。
>
> "你的鼻子软软的。老鹰有很硬的喙，所以我猜你不是一只老鹰。"

● 微点评

我也不怕打针了！我很勇敢。

茉莉怎么变成狮子的？医生真有智慧！

又学到一招，当我紧张害怕时，运用想象，寻找自己内心那只勇敢的大狮子。

● 阅读策略

瑞安医生在给莫莉体检的过程中，把莫莉比作几种动物，才让莫莉慢慢有了一颗勇敢的心？

### 🍃 亲子分享

众众：妈妈，你害怕体检吗？体检要抽血。

妈妈：的确有点害怕，但我知道那没什么。

众众：今天小马老师讲了个勇敢的故事，叫《狮子不怕打针》，我也讲给你听：莫莉要去体检，但是她有点害怕，尤其害怕打针……后来，莫莉真要去打针了，却不再害怕，还说自己是头狮子，狮子是不怕打针的。

妈妈：天哪，这位瑞安医生真有智慧，一步一步帮助莫莉认识到自己的强大。

众众：妈妈，我也不怕打针！也是头狮子！

### 🍃 读后感

我很喜欢《狮子不怕打针》这个绘本故事，尤其喜欢里面的瑞安医生，他很聪明，很有智慧，而且很温和。看到莫莉怕打针，瑞安医生没有责怪她，反而很有趣地和莫莉聊天，把莫莉当成小猴子、大象、袋鼠、老鹰、长颈鹿，让莫莉一点一点发现自己的强大。最后，莫莉长大了，成了一头狮子，再也不怕打针了。

生活中，我们都要做勇敢的人。学习中，我们更要做勇敢的人。以前我很怕写字，觉得写字非常累，而且我老是写不好字。但现在，我发现我也有强壮的手臂、灵活的手指、明亮的眼睛、清醒的头脑，只要我愿意，我一定可以慢慢变成狮子，战胜对写字的害怕！

——杭州市天长小学　曹众

（图片来源：[美]霍华德·博尼特/文，[美]迈克尔·韦伯/绘，左右妈/译：《狮子不怕打针》，化学工业出版社 2014 年版。）

# 奇思妙想：读《云朵面包》

4月8日

### 小马老师的开场白

"美食妈妈"进校园啦！可不可以不仅仅是用面粉、鸡蛋、牛奶等真实事物来做美食？能从雨树上摘下云朵，能将云朵加糖发酵做云朵面包吗？就是通过那么一点点从天而降的想象，生活就像云朵一样轻盈地飘了起来，自己的心正在变得好柔软、好美好！

### 故事导读

一个阴雨天，蒙蒙的细雨轻轻地落在了房顶上，树叶上，草地上。孩子们趁妈妈不注意，穿上雨衣，偷偷地溜出了门外，他们发现家门前的树枝上挂着一朵云，孩子们把云朵拿给了妈妈，妈妈把云朵做成了香喷喷的云彩面包，大家吃了云彩面包就飘了起来。

孩子们把云彩面包送给了在上班路上的爸爸……

### 🍃 精彩片段

### 🍃 微点评

这真是孝顺的云朵面包！一定要和没吃上的爸爸分享的面包！

这真是神奇的云朵面包！有家人在一起的甜甜的味道！

这真是自豪的云朵面包！能解决这么多难题！

### 🍃 阅读策略

故事以神奇的味道、爱的味道展开丰富的想象……

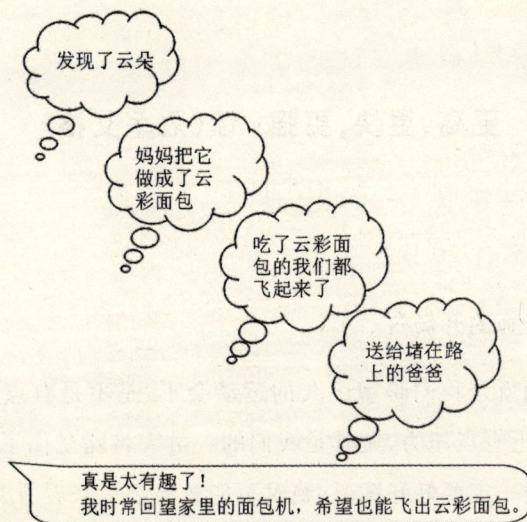

发现了云朵

妈妈把它
做成了云
彩面包

吃了云彩面
包的我们都
飞起来了

送给堵在路
上的爸爸

真是太有趣了!
我时常回望家里的面包机,希望也能飞出云彩面包。

### 🍃 亲子分享

妈妈总是侧着脑袋认真地听着,好奇的眼睛一眨一眨:"妍洁,今天就是下雨天,去看下外面的树枝上有没有挂着云朵?"

"我现在就去……"妍洁开心地推开窗。

"你想做什么?"

"雨过天晴,会出彩虹的!我想做彩虹面包!"妍洁眼睛里显出了彩虹的影子。

"我们一起开始做吧!"

### 🍃 读后感

云朵也能做成面包?真有趣!在《云朵面包》故事里,什么都有可能发生,有梦想,就去付诸实践。

很小的时候,我心里就有一个梦想,希望能飞上天空,摘下一朵云朵做五彩的棉花糖,送给我的朋友和家人吃。这个梦想一直伴我长大,云彩面包的故事富有想象、很有趣,和我的梦想很像。所以,我非常喜欢这个故事。

——杭州市天长小学 段妍洁

(图片来源:[韩]白嬉娜/文·图,陈艳敏/译:《云朵面包》,上海人民美术出版社 2007 年版。)

# 更高，更快，更强：读《冠军艾格》

4月11日

## 🧍 小马老师的开场白

孩子们，下周就是我们盼望已久的运动会了，是不是有点兴奋，又有点忐忑？运动员们最近有点压力，尤其是我们的一员大将腿受伤了之后。没关系，只要有时间，我们一定要好好练习，绝对不能放弃哦！来看看艾格是怎样准备运动会比赛的吧！

## 🍃 故事导读

小小瓢虫，也有大大的世界。《冠军艾格》是一本可以帮助我们了解奥运会，领略奥运精神的绘本。在这本可爱的小书中，艾格是个不起眼的小个子，没有什么特长，但他怎么会站上了冠军领奖台呢？

## 🍃 精彩片段

"参与第一，比赛第二。"主席一直重复着这句话。

"一点儿也没错！"艾格说，"因为如果不参与，你就永远体会不到胜利的快乐！"

### 微点评

每个人都得知道自己的能力、自己擅长什么！艾格很有自知之明，做自己能做的事情。

圆点运动会和奥运会流程好像呀！真佩服艾格永不放弃的运动会精神！

参与第一，比赛第二！即使再小的角色，只要做好准备、全力以赴，就有可能获得成功。如果不参与，你就永远体会不到胜利的滋味！

### 阅读策略

1. 艾格是怎样挑选比赛项目的？

| 项　目 | 比赛的需要 | 艾格的劣势 |
|---|---|---|
| 体　操 | | |
| 游　泳 | | |
| 跳　高 | | |
| 举　重 | | |
| 乒乓球 | | |

2. 艾格最后参加什么项目的比赛获得了冠军？

### 亲子分享

韵晗：我今天讲的故事是《冠军艾格》。小瓢虫们都很喜欢参加运动会，有些很喜欢跑步，经常去跑步道练习跑步；有些很喜欢举重，经常去体育馆练习举重；有些很喜欢射箭，喜欢在家里和学校练习射箭。那么妈妈，你自己想象一下，小瓢虫们还会参加其他什么样的体育活动呢？

妈妈：是不是还有跳绳、游泳和打球？

韵晗：都对，可是有一只小瓢虫他不爱运动，但他还是想去参加奥运会。

那你能不能帮他想一想他去参加什么比赛比较好呢？

　　妈妈：游泳吧。

　　韵晗：艾格一点都不会游泳，万一沉到水底怎么办？

　　妈妈：那就跑步吧。

　　韵晗：不行不行，艾格那几只小短腿怎么跑得快呢？

　　妈妈：那你说让它参加什么？

　　韵晗：我觉得他应该听听朋友的意见，他的朋友说举重、跳绳、射箭，艾格说："举重太重了，会把我压扁的；跳绳呢，绳子老是会把我的小短腿绊倒的；射箭呢，如果我不小心射到了自己身上和别人身人那可怎么办呢？不行不行。"后来他看到别人在打乒乓球，他觉得这个小球很好玩，但又想万一打到自己的小眼睛可怎么办呢？最后他终于找到了自己最喜欢的一个运动——划船。他们每天练习，他们的队伍非常厉害，艾格说"一二一，一二一"，他们的船就一路向前，最后他们拿到了第一名，站上了领奖台。所以啊，一定要找到自己喜欢的事情，做自己喜欢的事情再加上努力，就一定会成功的。

### 🖋 读后感

　　《冠军艾格》这本绘本简直在向我们介绍奥运会，里面还有入场式、各种比赛项目、颁奖典礼，真有趣。艾格参加四年一届的"圆点运动会"，他个子小小的，身材也不够强壮，别说体操、游泳、跳高、举重了，就连乒乓球台子他都够不着！那么，小小的艾格究竟能够参加哪项体育运动呢？最终，他找到了自己的优势，通过努力，成为冠军，并且赢得金牌了呢！你也快来看看吧！

　　运动会上，我要参加 60 米短跑，我一定会努力的，像艾格一样，努力！

——杭州市天长小学　张天瑜

　　冠军艾格是个不爱运动的小点点，他其实就是一只七星瓢虫，是很小的七星瓢虫。他其实不喜欢运动，他就是想在一年一度的奥运会那天选择运动项目。有人练举重，每天待在举重房里练习举重；有人练游泳，每天都到游泳馆游泳，反复地练；还有人练跳高，每天都在家外面练习跳高；还有练射击的，参加射击的小朋友每天在家里练习射击。一天又一天，他拿着喇叭大声喊："我想找，我想找个运动。"哥哥姐姐们都说"游泳吧，长了四只腿游得快"，"不不不"；"跑步吧，我们四只腿跑得快"，"不不不"；"跳高吧，四只腿跳得高"，"不不不"；"射击吧，我们眼睛看得远，射击射得准"。他想："射击？射击如果射不准，容易伤到别人。"他又看到举重房里有小朋友在练习举重，说："咦，举重感觉还不错。"不过他看看自己的两只手、两只腿那么小，肯定举不动。看到跳绳，心想：跳绳还不错，可如果不小心跳慢了或伤害到别人那该怎么办啊。跑步也不错，如果跑太快了撞到别人怎么办——不行不行。他又看到奥运会的划船项目，每天都在喊"一二一，一二一"，每天都在练习，他们这艘船肯定会得第一。他每天练习，终于运动会到来了，他们使出了全身的力气，马上追过了另外一艘船。领头的人就是艾格，艾格非常自豪。

我真佩服艾格。我觉得他选中了一个项目就坚持做完这件事，他非常努力，所以终于赢得了第一。做人就是要选择了就坚持到底，不要放弃。

——杭州市天长小学　朱艺涵

（图片来源：［比］G.V.西纳顿/文·图，西安曲江培豪出版传媒有限公司/译：《冠军艾格》，西安出版社 2015 年版。）

# 胖胖的烦恼：读《胖国王》

4 月 23 日

### 小马老师的开场白

天气渐渐热了起来，我发现自己整个冬天积累的脂肪有点多了。最近我都在努力运动，要知道，"春天不减肥，夏天徒伤悲"。昨天刚体检完，一些同学已经偏重了，甚至过重了，我们得注意了哦，因为不健康的饮食和不运动的坏习惯会让我们变胖。胖了可是有很多烦恼的哦。

### 故事导读

一位国王只喜欢大吃大喝又不喜欢运动，结果怎么样了？胖得像皮球了？哈哈，因为太胖出了问题，系鞋带也够不着，走路老是气喘吁吁……于是医师、厨师开始为国王设计减肥计划，大家都来帮忙，国王真的能减肥成功吗？

### 精彩片段

因为太胖了，所以走路快一点，就会流很多汗，一直喘气。

弯下腰来绑鞋带——根本做不到。

有时候，和大家开会，话讲到一半，就累得睡着了。

> 国王想要减肥。
> 公主说："国王可以一边玩呼啦圈，一边听音乐。"
> 皇后说："把国王的床搬到高高的地方，这样国王就可以爬楼梯做运动了。"
> 国王听了大家的想法，觉得很好，就开始照着做了。

### 微点评

肥胖的不便可真多！我深有体会！瘦下来的国王自信帅气多了！

我也应该减肥啦！

大家帮国王减肥的运动可真有趣！我也想试试。

运动有益健康，我要开始滚毛球运动啦！

### 阅读策略

1. 吹气球游戏：由瘦到胖的过程有多奇妙？

2. 小组选择一个场景写一个小剧本，演一演你们小组选定的片段。

场景 1：国王走路出巡

场景 2：国王吃饭

场景 3：国王睡觉

场景 4：国王运动

场景 5：国王开会

### 亲子分享

子瑞：这个故事很长的。

妈妈：那你可不可以用两三句话概括一下呢？

子瑞：可以。这个胖国王呢，他只会大吃大喝，他太胖了，百姓们都说我们的国王太胖了……

妈妈：你不是说用两三句话概括的吗？现在已经用了三句话，好像还没有进入主题。

子瑞：什么叫概括呀？

妈妈：概括就是把老师讲的故事的主要内容整理一下，简单点。

子瑞：就是主要讲的是什么，对吗？

妈妈：对的。

子瑞：主要就是讲国王喜欢吃，他后面有了自己的烦恼。

妈妈：什么烦恼？怎么解决的？

子瑞：和别人谈话时连抬个下巴都困难，也抬不起脚，系鞋带蹲不下来。他后来每天都吃像蚂蚁一样小的东西，还坚持运动，去爬山、跑步。

妈妈：相信他最后一定减肥成功了。

子瑞：那当然。他后来变成了瘦国王了。百姓都称国王最厉害！

妈妈：那这个国王从胖子变成瘦子的故事，你听了有什么感触呢？

子瑞：很搞笑，他从不听话的胖国王变成了吃一点点东西的瘦国王，我觉得他很乖，有进步。

妈妈：看吧，连国王也不能随心所欲地做自己想做的事情，你也一样。还有，克服自己的坏习惯是很难的，知道吗？

子瑞：那当然呀。

### 🖋 读后感

有一个胖国王，他很胖很胖。他带着他的狗狗走一走，想减肥，但国王太累了，走了一会儿就坚持不下去了。于是他就不管了，又开始大吃大喝，然后国王的肚子就变得超级大了。他的厨师就想了一个办法让国王少吃少喝。他的厨师把国王原来吃的东西都变少了，每样东西都变少，可是这样国王就吃不饱了，国王就不同意了。厨师还不让国王吃零食，以后都不准吃零食，国王就挺不住了。于是他的女儿和他的厨师演了一场戏，国王实在是挺不住了。她的女儿和厨师又给他演了一个杂技，国王还是撑不住了。他的女儿和厨师又给他演了一个木偶戏,然后国王的小狗出来了。用这个方法后,国王坚持住了,后来就变瘦了。国王的衣服、裤子都穿不了了,都太大了。

我很喜欢《胖国王》,他很像我,喜欢吃很多很多东西,而且吃得很快。我也有大大的肚子、粗粗的手臂和大腿,就像柱子一样。但是,我还没有到不能蹲下来系鞋带的程度,因为我妈妈没有给我买过要系鞋带的鞋子。

——杭州市天长小学　钱子瑞

（图片来源：张蓬洁/文·图：《胖国王》,少年儿童出版社 2006 年版。）

# 长假去旅行：读《农夫去旅行》

## 4 月 29 日

### 小马老师的开场白

"五一"即将来临，大家假期都有什么安排吗？故事里的农夫也想去旅行，去海边放松放松。可农场里的动物怎么办呢？让我们一起看看。

### 故事导读

一天，女工托尼对农场主贝克说："我要去海边度假，农场里我的事就包给你干啦！"可贝克不同意这想法，他认为农场主都没有休息，作为一个女工，托尼不应该休息。可一心想度假的托尼理也不理就骑上摩托车带上随身便包走了。贝克看到托尼走了，他也想走了，于是他带上农场里的动物出发去了海边。在去度假的途中，农夫遇到了一系列的问题——带动物太麻烦，但最后他看到海边的休闲农庄，他和动物们便住了进去。农夫感慨地说："农夫也可以旅行啊！"

### 精彩片段

> "……房间在五楼，而我们这是没有电梯的。"

　　戴着大檐帽的边境检查员出场了，想来他一定都被这阵势吓住了，他向贝克农夫追要身份证明，只有这样才能顺利出境。贝克农夫应该怎么办呢？没错，现在制作还来得及。贝克农夫认真地给每一个动物都制作了身份证明，那些动物面对相机镜头时的神情实在太有趣了。每次看到这幅图片，我都忍不住地笑，看那只绵羊，表情还真专注啊！最后还有制作出的成品——绵羊身份证明，你期待吗？

### 微点评

　　每个动物都要有身份证，跟我们一样！

　　带着这么多动物一起旅行，真是位负责任的农夫！

　　动物们爬楼梯的样子太有趣了！还是得修建无障碍通道！

🍃 **阅读策略**

1. 农夫在带动物去旅行之前都想过什么办法呢？

| | | |
|---|---|---|
| | | |

2. 如果你是农夫，会用什么办法带动物们去旅行呢？

| | | |
|---|---|---|
| | | |

🍃 **亲子分享**

"故事小广播开始了！"妈妈开心地提醒鸣洋。

"今天的故事是《农夫去旅行》！"鸣洋马上答道。

"农夫去旅行？农夫有动物怎么去旅行？"妈妈露出质疑的表情。

"嘿，马上就要开始啦，听了你就知道啦。我的故事时间开始：一天，女工嚷嚷着要农场主给自己度假时间……"鸣洋声音激昂地讲着。

"没想到农夫这么聪明呀！我也要试试这种方式，让领导给我假期度假。"妈妈兴奋地说。

"哈哈，妈妈，我也要跟着你去度假！你会用什么方式带我去呢？"鸣洋调皮地说。

🍃 **读后感**

这位农夫真聪明，旅行途中动物们没有身份证，他就用照相机拍照，临时做了几张动物们各自的身份证。农夫在每个地方遇到问题都用自己的聪明脑瓜想到了办法。动物多，自己搭帐篷搭不起来，管理员小伙子路过，农夫连忙问："搭不起来怎么办？"小伙子用手一指："帐篷区去搭。"帐篷区没法居住，他就找到旅馆打听到了一个休闲农庄，他和动物们可以去休息。真是个聪明农夫！我想：如果我在外面旅行时遇到问题，会不会像农夫那样聪明地解决呢？

——杭州市天长小学　胡鸣洋

（图片来源：[德]克里斯迪安·提尔曼/文，[德]丹尼尔·纳波/图，王星/译：《农夫去旅行》，湖北美术出版社2008年版。）

# 不一样的强盗：读《三个强盗》

5 月 11 日

## 小马老师的开场白

学完《三个儿子》，我们一起开启了"三"文化之旅。天哪，原来不仅中国人有《三个和尚》《三国演义》等关于"三"的故事，国外也有《三只小猪》《三个强盗》等与"三"有关的故事。

## 故事导读

三个强盗

文·图/汤米·温格尔 译/张剑鸣

少年儿童出版社

强盗？一听到这个词你一定很害怕吧。三个强盗？这是三个怎样的强盗呢？

他们很凶地抢别人的东西，但是却那么温柔、善良地对待一个女孩。你看看他们抱着芬妮时的神情，那样的小心翼翼和爱惜！他们还让很多很多的孩子都戴上红帽子、穿上红斗篷，过上幸福的生活。

所以，这是三个怎样的强盗呢？

### 精彩片段

在山洞里存放了一箱箱抢来的金银财宝，但他们从没想过要用他们的财宝……
于是，为了用这些财宝，他们就把所有走丢了的小孩、不快乐的小孩和没人要的小孩，统统都找了来。

### 微点评

真好笑！强盗抢来的财宝都不知道使用！还好他们心肠好，都用来帮助孤儿了。三个强盗其实是三位大侠！

三个强盗各有各的本领，但很团结，所以总能成功。

要学会感恩，大家后来都感谢三个强盗，才那么快乐！

### 阅读策略

一开始三个强盗是怎样的？遇到小女孩后，三个强盗变成了怎样的人？

一开始                          后来

遇到小女孩后
就变了

### 亲子分享

佳祺：从前有三个强盗，很喜欢抢劫。他们总喜欢到山下打劫马车……

爸爸：这三个都一模一样吗？

佳祺：当然不是啦！第一个强盗拿了个喇叭枪，第二个强盗拿了个胡椒喷射器，第三个强盗拿了个连火箭都能砍碎的斧头。然后呢，这三个强盗会分好工，第二个强盗把胡椒喷到马的眼睛里，第三个强盗会劈碎马车的轮子，第一个强盗会把马车里的财宝都拿出来。

爸爸：这三个强盗都在抢劫。他们抢了很多财宝，却不知道怎么利用，要不是他们救了小女孩，估计都一直没法用。

佳祺：是啊，小女孩是强盗们的启发人。

爸爸：我们一般把这些关键人物，叫作"点灯人"！爸爸在工作上也是遇到了"点灯人"，才越干越好的！佳祺，你在成长中有遇到给你启发的人吗？

佳祺：当然有啦，我的同桌……

### 读后感

《三个强盗》真是一个"柳暗花明"的故事，曲折离奇。故事描述了三个装扮和武器都很奇特的强盗，在山洞里存放了一箱箱抢来的金银财宝，但他们从没想过要用他们的财宝……直到有一个夜晚，他们拦下的马车里竟然只有一个孤儿，他们就将小女孩带回山洞。之后，强盗被纯真的小女孩感动了，于是用抢来的财宝买下了一座城堡，建起了福利院。他们把所有走丢的小孩、不快乐的小孩和没人要的小孩都接到城堡里,让孩子们都有地方住,孩子越来越多。渐渐地,孩子们长大了,他们心存感激,于是建了三座强盗帽子形状的塔,来纪念三个强盗。

　　一开始,三个强盗一直抢劫人们的钱财,非常凶恶,人们都憎恨、害怕他们。后来,他们喜欢帮助需要帮助的人,变得非常善良,受到了大家的尊重。这让我想到了我自己,一开始很骄傲,总是不受欢迎。后来,我慢慢改变自己的暴脾气,学会温柔地和同学说话,学会不斤斤计较,慢慢地,就越来越受欢迎了。

——杭州市天长小学　卢斯梵

　　(图片来源:[法]汤米·温格尔/文·图,张剑鸣/译:《三个强盗》,少年儿童出版社 2000 年版。)

# 别人的东西我不拿：读《这不是我的帽子》

5 月 17 日

## 小马老师的开场白

别人的东西不能拿，这是常识，但有一些孩子总是会出于好奇或者出于紧急等原因违背这条常理，怎么办呢？就像《这不是我的帽子》里的小鱼，明明知道偷帽子不对，明明知道帽子不属于它，还是想留着帽子——"反正它戴也太小了，我戴正合适"。有这样的"小强盗逻辑"的小鱼，太像生活中的小屁孩了。

## 故事导读

这不是我的帽子

文·图/[美]乔恩·克拉森 译/杨玲玲 彭懿

明天出版社

一条小鱼戴着一顶圆圆的蓝色帽子游进我们的视野，他一边往前游，一边自言自语："这不是我的帽子，是我偷来的。帽子的主人可能不会发现，因为他睡着了。就算发现了，也不会知道是我偷的；就算知道是我偷的，他也不会找到我，因为我会游到茂密的海藻里去，在那里没人能发现我。再说，这顶帽子我戴着正合适，而对他来说实在是太小了……"可是就在小鱼浑然不觉的时候，帽子的主人，一条很大很大的大鱼已经睁开了眼睛，悄悄地尾随着他……

178

### 阅读策略

1. 在那片茂密的水草中,小鱼钻进去了,大鱼也跟了进去,之后大鱼戴着帽子微笑地出来了。在水草这个大鱼和小鱼交涉的场所,到底发生了什么?

2. 这是一本带有黑色幽默风格的图画书,偷走帽子的小鱼萌萌的,一直在自言自语,而大鱼呢,从闭着眼睛到睁开眼睛,再到眼睛向上看,再到眼睛向前看,都显示出大鱼的"明察"。从大鱼的微表情中你可以猜出他在说什么吗?

小鱼

大鱼

我偷帽子的时候,他在睡觉。

他可能睡很久都不会醒。

就算他醒了,可能也不会发现帽子不见了。

就算他发现帽子不见了,可能也不知道是我拿走的。

就算他猜到是我,他也不知道我去哪里了。

## 🍃 精彩片段

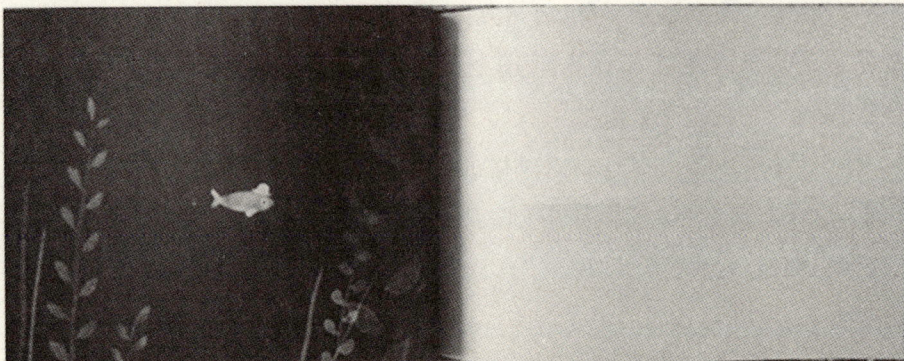

不过，我可以告诉你我要去哪里。
我要去一个水草长得又大又高又密的地方。
在那里什么也看不清，
没有人会找到我。

## 🍃 微点评

小小的帽子挺适合小鱼的，为什么会成为大鱼的帽子呢？

小鱼拿了大鱼的帽子，还以为大鱼不知道，其实大鱼一直跟着呢！

小鱼真逗，有点"掩耳盗铃"的意思。

## 🍃 亲子分享

玮玮：这是一条贪玩的小鱼，一天，他看见大鱼在睡觉，就想着拿他头顶上的帽子玩玩，反正这么小的帽子也不适合大鱼戴……

妈妈：小孩的世界里，只有他们自己，怎么吃到自己想吃的东西，怎么才能一直玩不要睡觉，怎么才能得到那个心心念念的玩具……就像这条不知天高地厚的小鱼！

玮玮：大鱼在睡觉，怎么知道是小鱼偷走了自己的帽子？

爸爸：你快去看看图片，谁是目击证人？

玮玮：哦，我看看，原来是螃蟹先生啊！他用钳子为大鱼指明了方向！

妈妈：世界上没有不透风的墙！所以不能干坏事哦！错了就要受惩罚，大鱼最后是吃掉小鱼，拿回自己的帽子了吗？

玮玮：肯定不会的，小鱼玩过后，就把帽子还给大鱼了呗。你看，大鱼不是戴着帽子走了么？

爸爸：知错能改，善莫大焉！

### 🍃 读后感

　　这本书讲的是：有一条大鱼，他正在睡觉时，一条小鱼发现了他头上戴着一顶既可爱又小巧的帽子，小鱼很喜欢，就把那顶帽子从大鱼头上拿走了。而且还藏起来，躲在水草丛中。但是大鱼还是找到了小鱼，并把帽子抢了回来。我们做事情也不能只按自己的想法，更加不能拿别人的东西，你以为没被发现，其实早就被发现了。读中班的时候妈妈怕我蛀牙，不让我吃巧克力，结果我偷偷吃了，回到家妈妈还是发现了，还说出我吃的是黑黑的巧克力，真是太神了！现在我知道原因了！

——杭州市天长小学　沈佳玮

　　（图片来源：[美]乔恩·克拉森/文·图，杨玲玲、彭懿/译：《这不是我的帽子》，明天出版社 2013 年版。）

# 我不想当傻狐狸：读《逗你玩，傻狐狸！》

5 月 21 日

### 小马老师的开场白

你们都知道狐狸吧！它是一种非常聪明的动物，有时它会偷袭，有时它会隐藏。可是今天，我们要认识的这只狐狸跟别的狐狸不一样！让我们开始读一读这个有趣的故事吧！

### 故事导读

一只城里的狐狸，由于在城里待太久了，对于一些动物的情况还不是很了解。他只知道自己可以吃鸡、鸭、羊，但是对于这些动物的特征完全不了解，只能从书中了解相关的信息。狐狸来到农场，此时他肚子正饿得慌，很想赶紧找到食物。母鸡第一时间发现狐狸，很是惊慌，她赶紧去通知农场里的小伙伴们，大家都很紧张，但有一只动物除外，他就是大公牛。他告诉伙伴们不要慌，同时把自己的"疯狂计划"告诉大家，这个"疯狂计划"竟然是母鸡打扮成马儿，鸭子打扮成公牛，羊儿打扮成驴，而大公牛自己却打扮成母鸡。其他动物战战兢兢地应付着狐狸，在惊慌中成功。

🍃 精彩片段

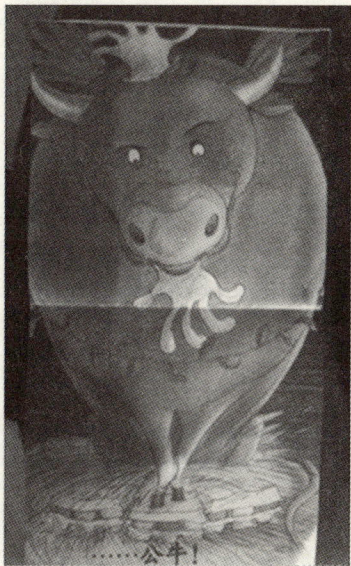

> 　　狐狸一路狂叫着来到母鸡家的门口。他气急败坏，一把拽开了门，却发现……公牛！
> 　　"啊——"狐狸尖叫起来，"怪……怪物！你……你是谁？"
> 　　"我是小鸡啊！"公牛说，"你看不出来吗？咯咯咯！"他学着鸡叫声。
> 　　"咯咯咯！咯咯咯！咯咯咯！"狐狸害怕极了。

🍃 微点评

小动物们真团结！用集体的智慧以弱胜强！

我们可不能像城市的狐狸一样，太缺乏实际认知。

遇事不要慌，小小智慧可以让你远离危险！

🍃 阅读策略

大公牛用什么"疯狂计划"吓跑了狐狸？

疯狂计划

母鸡——→马儿

鸭子——→公牛

羊儿——→驴子

大公牛——→母鸡

（　　）——→（　　）

### 🍃 亲子分享

"爸爸妈妈洗耳恭听,恬姐的故事课堂开始啦! 今天讲一只傻狐狸的故事!"

"狐狸还有傻傻的? 我看过的故事里,狐狸好像都挺狡猾的。狐狸怎么傻啦?"恬妈忍不住插嘴啦!

"注意课堂纪律! 不能乱插嘴哦!"

"好的。"恬妈立即意识到自己违纪了。

"一只城里的狐狸来到了乡下,准备好好吃一顿。所以他来到了一个农场,农场里的鸡、鸭和羊都快吓死了……"恬姐滔滔不绝地讲开了。

"故事讲完了,恬老师,我有个问题,公牛是怎样想出计划来的? 他不知道狐狸很怕驴子、马儿呀!"恬爸眨巴着眼睛问。

"嗯,因为奶牛想到了自己的体型跟驴子、马儿差不多的呀,这样就可以鱼目混珠!"恬姐的眼睛眯成了一条缝。

### 🍃 读后感

这个故事真好笑! 在书中有一个重要的角色,就是那头大公牛。他在关键时候带领农场里的小动物们,用自己的聪明才智战胜了这只城里的傻狐狸,我真佩服他! 会分享的人才会有朋友哦! 奶牛知道要分享对付狐狸的办法,才解决问题了哦!

读完这个故事,我还想到了发生在我身上的一件傻事! 这件事发生在我小时候掉牙的时候。

小时候,最大的门牙开始晃了,我很怕。门牙掉了还会长出来吗? 我会永远失去这颗牙吗? 所以,我走路总是小心翼翼的。

有一天,"啪嗒!"我的门牙掉了,我哭了。后来,爸爸妈妈告诉我门牙还会长回来的,我这才放心了! 那时候,我才知道,我之前的担心是多么傻!

——杭州市天长小学　叶恬恬

(图片来源:[英]克莱尔·弗里德曼/文,[英]尼尔·伊斯特/图,李佳/译:《逗你玩,傻狐狸!》,人民邮电出版社 2014 年版。)

# 敌人？朋友！——读《两棵树》

5 月 27 日

### 小马老师的开场白

夏天到了,知了声声。三年级了,我发现一些小朋友开始有自己的"闺蜜""哥们",经常在一起做一些事情。但是,有些事情是很有益的,有些事情却耽误了彼此的时间。真正的朋友应该是能互相帮助攻克难关的,应该是能够互相激励,一起成长为更优秀的人,比如这两棵树。

### 故事导读

两棵树,一棵是小树,一颗是大树。他们一开始天天在一起,互相竞争着度过了春夏秋冬。但是,一堵墙挡住了他们的视线,面对困难,他们没有放弃。他们共同经历了一段长长的孤独的时光。外物的隔离让他们明白并且看清自己了的内心,以及对方的存在对于自己的意义。

🍃 **精彩片段**

他们又在比赛谁的枝上绿叶更多、鸟儿更多。

他们是多么珍惜这重逢的欢乐，他们都在努力地把手臂伸向对方，只为了那有爱的会合。

🍃 **微点评**

大树像爸爸，小树像我。爸爸经常说，我是他的小导师，我们一起成长！

朋友之间就应该互相鼓励！我们也要学习小树和大树。

面对困难，一定要勇敢向前，向往光明，相信未来！

🍃 **阅读策略**

大树和小树在一起都干了什么？

### 亲子分享

雨凡：妈妈，你说这个故事真的发生过吗？

妈妈：很有可能哦！生活中有那么多的大树和小树。

雨凡：妈妈，我觉得大树和小树真像一对相亲相爱的兄弟。

妈妈：雨凡，你真会读书。大树和小树他们就像兄弟一样永远也不分开。

雨凡：是的，如果他们分开的话会觉得很孤独，然后他们碰到困难会自己去解决，他们不停努力，最后都解决了问题。

### 读后感

《两棵树》里讲了这样一个故事：从前有两棵树，他们很友好，一高一矮，他们很喜欢彼此在一起玩来玩去。他们比谁的树叶多，比谁的小鸟多，比谁的鸟更会唱歌。他们还玩碰手游戏呢。他们一起度过了春夏秋冬。有一天，有个人买下了那块地，让员工砌了一面墙，把他们给分开了。他们两个永远都不会见面了。有一天，小树在寒冷的冬天慢慢枯萎，哭着想念大树。大树也是这样，哭着想念小树。有一天，大树突然看见有一片叶子从这面墙的顶端出来了。原来是小树。他们两个长得很高很高了。小树也不再是矮矮的小不点了。大树和小树终于又在一起了，他们很开心，迫不及待地拥抱在一起。

读完故事，我仿佛也长大了一点。我懂得，要耐心等待，要学会坚持到底。他们在漫长的时间里还是耐心地等待，想要见到自己的朋友，在什么季节都想着朋友，惦记着快乐的时光。岁月流转，总有一天会见到自己的朋友。朋友被挡住了，它总有一天会想到办法过来的。那些工人不对，为什么要在他们中间造一面墙呢？挡住了他们见面。大树和小树以前会吵架，后来被分开了，就变成了很好的朋友，这样是好的。要乐于分享，好朋友要学会互相安慰。就像盛开的鲜花突然枯萎了，但是到了春天它们又开放了，树的生长期是很长的，所以要耐心等待。

——杭州市天长小学　李若溪

（图片来源：[法]伊丽莎白·布莱美/文·图，[法]克里斯托夫·布雷恩/图，麦小燕/译：《两棵树》，湖北美术出版社2009年版。）

# 变废为宝：读《机器动物》

6月5日

 **小马老师的开场白**

六月五日是"世界环境日"，来一次"变废为宝"大赛怎么样？你们都说好，那么你们关注到平时有哪些废弃物可以变成不可思议的新物品吗？或许，这个农场主可以给你一点启示。

**故事导读**

一场龙卷风刮过，农场里只剩下堆积如山的金属碎片和机器零件，农场主突然有了一个大胆的想法，他要把这个烂摊子变成一个杰作。可是邻居们听了对他说："这事要能成，猪都会飞了！"你猜怎么着？灵感出来了！只要有梦想，谁说猪不能飞上天呢？一个神奇的机器动物农场展现在眼前……

🍃 **精彩片段**

要干的活儿有很多。
首先，他得把这个烂摊子收拾一下。
然后，他要画一个设计图。

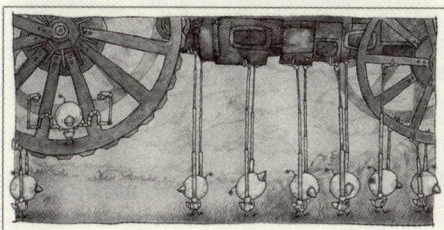

这些机器小鸡都特别强壮。

🍃 **微点评**

谁说猪不能飞？一定要有梦想，万一变成真的了呢？

农场主真会动脑筋，变废为宝！

绝境中爆发灵感，所以，遇到困难还是不能慌！

🍃 **阅读策略**

要制造一个"机器动物"可不简单。你能说说农场主是怎样制造出机器大公鸡的吗？

| 首先 | 然后 | 最后 |

## 🍃 亲子分享

卢卢的故事讲堂正在进行……

卢爸站起来去倒水喝。

"卢爸,您,赶紧地坐好,不要走来走去。"

"噢。"卢爸扔下杯子三步并作两步跑回位置上坐好。

卢卢清了清嗓子,问道:"卢爸,请问故事中的机器动物们有些怎样神奇的本领?"

"马能为大家送午餐,奶牛能为机器加润滑油和,和,和……"卢爸"和"不出来了,卢妈在一边偷笑。

卢卢的眼光像 X 射线扫到眯眯笑的卢妈。

"卢妈,现在请您补充。"

"奶牛还能做最好喝的巧克力牛奶,绵羊……最可爱的是那只粉色的机器小肥猪飞在天空巡逻呢!"

卢卢听了,满意地点点头。

"卢爸,你听讲太不认真了,现在罚你一边站着去听故事。"卢卢生气地说。

卢妈在一边哈哈大笑。

卢卢继续讲故事,这次讲的是一只机器鸡的故事……

## 🍃 读后感

故事的开头是一件令人伤心的事:一场龙卷风刮走了农场主辛辛苦苦养大的动物。对于一个农场主来说,农场以及农场里养的动物就是他的全部事业,如今,龙卷风把它们都刮走了,那农场主还靠什么为生呢? 他的生活还会有乐趣吗? 农场里只剩下些金属碎片和机器零件。农场主没有灰心丧气,他不顾邻居们的讥笑,想利用这些金属、机械零件制造出一个全新的农场。农场主开始了他的创作。他把烂摊子收拾了一下,画了一个设计图,接下来开工。他造了一个机器大公鸡,每天叫醒他;他造了一群机器小鸡,帮他搬运重东西;他造了一头机器奶牛,负责给机器加油和润滑,还会产出巧克力牛奶;他造的机器绵羊披着钢丝绒,负责擦亮所有的机器动物;他造了一匹机器马来搬运午餐;最后,他造了一只机器猪,绕着农场飞来飞去。这事可真成了,猪都会飞了!

"我要把这个烂摊子变成一个杰作！"邻居们听了，打击他："这事要能成，猪都会飞了！"没想到，这句话却让他产生了一个灵感。我最喜欢这段故事，因为农场主真是一个积极向上的人，不仅理智，还能从别人讥笑自己的话里寻找到灵感！我想起参加运动会 60 米跑步的事情。那个时候，很多人都说我太胖了，不可能会获奖的！我偏不信，每天放学后都会在操场上练习跑步，不仅跑得更快了，体重还减了 3 斤呢！

只要有梦想，并且为之努力，就没有什么事是不可能实现的。

——杭州市天长小学　卢斯梵

（图片来源：〔美〕克里斯·图加斯/文·图，唐翠云/译：《机器动物》，外语教学与研究出版社 2014 年版。）

# 不做近视鹰：读《近视鹰》

6月6日

## 小马老师的开场白

今年,班里新添了两个戴眼镜的小家伙,真让人痛心。在"护眼日",有几个"熊孩子"还是对"眼保健操"不上心,做做停停,怎么办呢? 听听近视鹰的自述吧!

## 故事导读

老鹰是出了名的视觉敏锐动物,但是,他们也有眼力不好的时候。近视鹰最近总是捕捉不到食物,常常为了追猎物啃得一嘴泥,去医院一看,原来是近视了。为什么呢? 原来近视鹰总是躺着看书,总是坐在电视机前很久很久……眼睛怎么可能不近视呢?

## 精彩片段

前天下午在东边林子里追麻雀,一头撞到大树!

昨天中午到北边草丛抓肥兔,结果吃了一嘴的泥巴!

> 今天早上才离谱啊！竟然把草绳当成草蛇抓回鹰巢里！把其他的鹰族勇士都笑得东倒西歪！

> 伊哥不得不戴上了近视眼镜。
> 伊哥很后悔地说："让我们一起来好好保护视力吧！"

## 微点评

眼睛可是鹰生存的法宝，哎，近视了真可惜！

对，要好好保护视力！

养成用眼卫生的习惯，尤其是写字姿势要正确哦！

## 阅读策略

近视鹰是怎么变近视的呢？对比他近视前和近视后的不同遭遇，你想说什么？

> 近视前，我……

> 近视后，一切都太不方便了……

## 🍃 亲子分享

琪琪：妈妈，今天的主人翁和你有相同的特点——都戴眼镜！他是一只近视鹰！

妈妈：是吗？老鹰也会近视？他们的眼睛也是最紧要的呢！

琪琪：是啊！老鹰没了好视力，根本就捕捉不到食物！所以也只能戴眼镜了！妈妈，我的故事开始啦！猎鹰族的勇士们在风沙沙大峡谷的怪石林上休息，但是只有伊哥显得无精打采，原来，他已经三天没有猎到食物了……

妈妈：伊哥视力不行，捕捉猎物可真闹了不少笑话。那伊哥的视力是因为什么变差的呢？

琪琪：也是因为看书喜欢躺着看，还有不停地看电视。

妈妈：我也很后悔，自己小时候没注意。琪琪，你可要保持正确的姿势，爱护眼睛，别当近视鹰哦……

## 🍃 读后感

今天，我在学校里看了一本书叫《近视鹰》。故事是关于一只爱看书、爱看电视的猎鹰，他不在灯光下看书，反而背着灯光看；他还爱看电视，总是离电视很近。因此，他的视力越来越模糊，闹了不少笑话，也捕捉不到食物，只好去看医生，戴上了眼镜。

这个故事主要告诉我们：如果要看书，就要在光线明亮的地方看，不要在没有灯光的情况下看。如果你是个爱看电视的小朋友，那就要改改你的坏毛病。看电视的时候也要离电视远一点。如果失去了双眼，整个人就像生活在黑暗里，生活将没有一点乐趣。

所以，同学们，我们一定要保护好自己的双眼，爱护眼睛，不让它们受到伤害。

——杭州市天长小学　陈佳琪

读完《近视鹰》，我很伤心，因为我和近视鹰一样，也是因为看书不注意姿势，有的时候卧在地上看，有的时候躺在床上看，有的时候忘记开灯看……然后近视了，不得不戴上眼镜。体检后，小马老师提醒我告诉爸爸妈妈，要去医院再认真检查视力时，我就非常担心，并且非常后悔。医生说，幸亏发现得早，我还只是假性近视，要戴上眼镜矫正，防止视力再下降。

戴上眼镜后，我的生活开始产生变化：鼻子上架着眼镜；游泳的时候得摘下眼镜；跑步的时候害怕眼镜会掉在地上被踩碎……好麻烦呀！没近视真好！

——杭州市天长小学　陈曦

（图片来源：敖幼祥/文·图：《近视鹰》，台湾幼翅文化出版公司 2003年版。）

# 我的颜色：读《自己的颜色》

6月7日

**小马老师的开场白**

今天学习完《小柳树和小枣树》，大家都有话说，每个人都有自己的特点，不能小看别人，更不能小看自己。但是，自信从何而来？从认识自己而来！我们来一次认识自己之旅吧！

**故事导读**

有一天，变色龙很苦恼，因为他没有自己的颜色，他总是走到哪儿，颜色就变成什么样。有一天，他遇见了另外一只变色龙，他们约定：既然改变不了现实的条件，就一起改变身上的颜色。从此以后，两只变色龙过上了快乐而知足的生活……

## 自己的颜色

[美]李欧·李奥尼 文·图  阿甲 译

**精彩片段**

猪是紫色的。所有的动物都有自己的颜色。

坐在老虎身上，他们就有了和老虎一样的花纹。

他们就这样肩并肩地待在一起，他们一起变成了绿色的、紫色的、黄色的，还有红色带圆点的。

从此，他们幸福地生活在一起。

### 微点评

我很喜欢自己,努力的时候,我对自己很满意!

有的时候我很羡慕变色龙,但是我还是觉得自己的颜色最合适!

找到和自己合拍的伙伴,幸福指数会更高!

### 阅读策略

1. 小动物们都有自己的颜色,可是变色龙走到哪儿变到哪儿,找找看,一年四季中,变色龙在书里面变了几次颜色?

春天,变色龙走到(    ),变成了(    )色。

夏天,变色龙走到(    ),变成了(    )色。

春天

夏天

秋天,变色龙走到(    ),变成了(    )色。

冬天,变色龙走到(    ),变成了(    )色。

秋天

冬天

2. 想一想:是谁让变色龙看清了自己的颜色?为什么呢?

我也有自己的颜色。红色是热情的,蓝色是宽容的,紫色是优雅的……

🍃 **亲子分享**

铭铭：妈妈，这本书真好看，我们一起来读一读吧！

妈妈：好的。

铭铭开始绘声绘色地读：鹦鹉是绿色的，金鱼是红色的，大象是灰色的，猪是粉红色的，所有的动物都有自己颜色——只有变色龙例外……

妈妈好奇地问：为什么变色龙会从伤心变成开心呢？

铭铭：有了好朋友，不孤单了，当然就开心啦！

🍃 **读后感**

每个人都会像变色龙一样因为找不到自己的颜色而感到伤心。我经常会觉得自己的力气很小，做作业也很马虎……读完了书后，我开始寻找自己的颜色，我发现自己是红红的火焰，因为我很热情，喜欢交朋友，而且对朋友非常好！

——杭州市天长小学　张佳铭

（图片来源：[美]李欧·李奥尼/文·图，阿甲/译：《自己的颜色》，南海出版公司 2011 年版。）

# 奇思妙用：读《胡萝卜先生的胡子》

6 月 14 日

### 小马老师的开场白

小马老师的长头发不见了！梧桐树上的树叶不见了！世界上有很多东西被我们忽略，比如说树叶落了就不要了，胡子剪了就不要了……看看《胡萝卜先生的胡子》，你们就会知道这些看似没用的东西都有什么神奇的作用。

### 故事导读

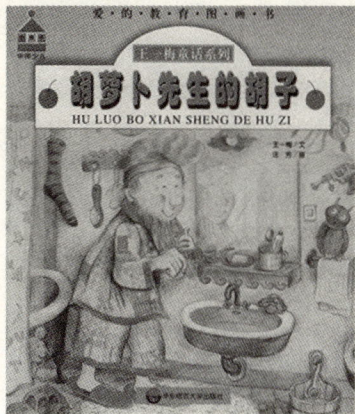

胡萝卜先生长着一把浓密的胡子。一天，他的胡子粘到了果酱，飞快地长了起来。胡子在空中被风吹着的样子挺潇洒，一个小女孩看见了，用胡子当风筝线；鸟太太看见了，用它当晾尿布的绳子；鼹鼠老师看见了，把胡子当一根帮助小鼹鼠过马路的"安全绳"；鸭子看见了，把它当捆书的绳子……最后，胡萝卜先生听了白菜小姐的建议，又把胡子当成了捆眼镜的线，胡子真是用处多多。

### 精彩片段

一个女孩站在街口放风筝，因为风筝的线实在太短了，她的风筝怎么也飞不过屋顶。

当胡萝卜先生路过的时侯，小女孩看见了风里飘动着的长胡子，高兴地说："我可以用它来做放风筝的长线。"

女孩子剪了一段胡萝卜先生的长胡子用来放风筝。风筝一下子就越过了屋顶。

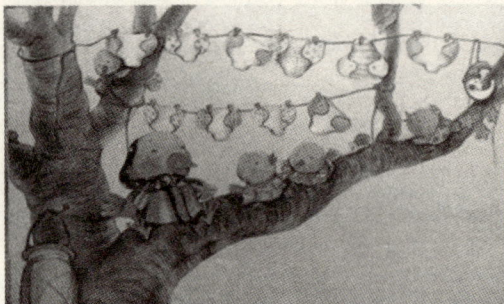

胡萝卜先生继续往前走。当他走过鸟太太家的树底下时，鸟太太正因为找不到绳子晾宝宝的尿布而犯愁呢！

当鸟太太看见胡萝卜先生风里飘动的长胡子，高兴地说："我可以用它来晾宝宝的尿布呀。"

鸟太太剪了一段胡萝卜先生的胡子，系在两根树枝的中间，晾起了一长串鸟宝宝的尿布。

### 微点评

胡子有这么多用处！一物多用！

胡萝卜先生的胡子粘上了甜甜的果酱，飞快地长了起来，有了那么多奇妙的故事，想象真奇特！

胡萝卜先生和邻居们真快乐！能够帮到别人是最快乐的事！

### 阅读策略

1. 胡萝卜先生的胡子有很多用处,你觉得哪一个用处你最喜欢呢?

　　当风筝线　　当晾尿布的绳子　　当"安全绳"　　当捆书绳

2. 你也来当当小作家,写写胡萝卜先生的胡子还有什么用处。

3. 世界上还有哪些被我们忽视甚至被我们当作废物的事物呢？选择一样，发挥自己的想象，写一写，画一画。

我选择的事物是 ＿＿＿＿＿＿＿＿＿＿（落叶、羽毛、指甲……）

🍃 **亲子分享**

"今天的故事是什么？"妈妈问茜雅。

"今天我们讲的故事是《胡萝卜先生的胡子》。故事是这样的：胡萝卜先生长着……"茜雅回答。

"听了这个故事，妈妈觉得胡萝卜先生真是乐于助人！"妈妈微笑着说，"我们应该向他多多学习。"

"我也这么认为。"茜雅向妈妈挤了挤眼睛。

🍃 **读后感**

胡萝卜先生的大胡子用处可真多！不仅可以当风筝线，还能帮助鸟儿们晒衣服！真有趣！

乐于助人的胡萝卜先生给了我深深的启发：不要忽视通常没有用的东西，也许它会给你新的灵感。其实在我们身边也有一些乐于助人的事，比如：别人向你借一支铅笔，你毫不犹豫地借给他了。我们要向胡萝卜先生那样和气待人，多考虑他人的需要，主动帮助有困难的人，你会得到他人的感谢和温馨的笑容，并且你的脸上也会绽开灿烂的笑颜——做一个传播快乐的孩子。

——杭州市天长小学　徐茜雅

（图片来源：王一梅/文，汪芳/图：《胡萝卜先生的胡子》，华东师范大学出版社 2004 年版。）

# 肚子里的秘密：读《肚子里有个火车站》

6月24日

## 小马老师的开场白

夏日炎炎，太阳公公是在锻炼我们的耐力吗？中午吃饭的时候，很多小朋友都吃得心不在焉，莫非是在惦记冰激凌！要知道，吃东西是很有学问的，可不能因为热，就吃着冷食没完没了——瞧，茱莉娅的肚子就出问题了！

## 故事导读

茱莉娅吃得太多、太快，所以她的肚子里出事了！饭菜一大块一大块地掉进肚子火车站里，堆得像小山一样高。这可害惨了肚子里的小精灵们，他们冒着被砸晕的危险拼命干活，想把这些食物统统装上火车，送到弯弯曲曲的隧道里去。可是没想到，还有更大的暴风雪在等着他们。小精灵们被激怒了，他们游行示威、罢工抗议……肚子火车站里一片混乱。小精灵们能渡过这个难关吗？肚子火车站究竟是怎样一个地方？神秘的隧道会通向哪里呢？

### 精彩片段

> 可是这次的情况让他们吓了一跳！
> 　又粗又长的面条落下来，把他们缠住了；
> 　整片的生菜叶飘下来，像床单一样把他们裹住了；
> 　大肉块沉甸甸的，像石头一样四处乱滚……
> 　火车站里乱作一团，小精灵都生气地大叫起来。

> "这个朱莉娅，根本就没有好好嚼嘛！"
> "总是什么都靠我们！"
> "这些食物太大了，我们怎么办啊？"
> 尽管生气，小精灵们还是开始工作了。不然还能怎么办？

### 微点评

肚子里真的有个火车站？

茉莉娅吃得太多、太快，又忽冷忽热，所以她的肚子里出事了！

倒霉熊，那只是一个比喻，让我们知道食物在体内消化的过程。

🍃 **阅读策略**

1. 食物在肚子里要经过哪些地方呢？火车站是指 _____ 。

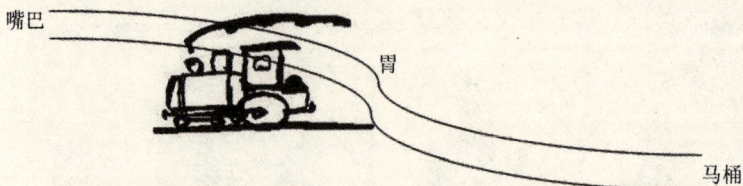

嘴巴

胃

马桶

2. 我发现，人体内，_____ 就像 _____ 。

🍃 **亲子分享**

阿田：肚子怎么会痛呢？

爸爸：贪吃的时候会痛！我有一次吃了好几十串烤羊肉串，结果就闹肚子了，真是不能贪心啊！

妈妈：像朱莉娅那样，吃完热的吃冷的，或吃完冷的吃热的，没有节制，就会闹肚子！

阿田：那，肚子里的火车站应该装个安检口，食物安检完了再放行！

爸爸妈妈：这主意不错！

🍃 **读后感**

今天，我读了《肚子里面有个火车站》。看完了这本书，心里有一连串的问题：肚子里面怎么会有火车站呢？肚子里怎么会有精灵呢？肚子里面怎么会有一扇扇门呢？我很喜欢这本书，要是我能编出这种书的话，那就太好了！

肚子里的火车站真有趣啊！我想，如果放进一根棒棒糖会怎样呢？肚子里的小精灵们会生气吗？会高兴吗？其实，每个人的肚子里都会有一个火车站，小火车上都坐满了小精灵们，他们都在你的肚子里呢！因为朱莉娅吃得太多了，吃完热的又吃冷的，小精灵们提出抗议，朱莉娅就肚子疼了，生病了。我们如果也这样，一会儿吃得多、一会儿吃得少、一会儿吃冷的、一会儿吃热的,也会闹肚子的。为了肚子里的小火车安全运转,我一定要科学饮食!

——杭州市天长小学 徐昊田

（图片来源：[德]安娜·鲁斯曼/文·图,[德]舒尔茨·史蒂芬/图,张振/译：《肚子里有个火车站》,北京科学技术出版社 2009 年版。）

# 范例篇

"立体阅读"富有特色的九堂课

立体阅读的学校部分，其实是在中午的十分钟谈话时间进行的。九堂"课"中的课，不算是真正意义上的阅读课，而只是一种迷你共读课堂。在"范例篇"一年级九节共读课堂的实录中，你会发现一个真实且原生态的师生互动、生生互动场景。在课堂上，教师有意识地运用了一些阅读技巧如设疑、追问、对比、联结等，也利用了一些简单的教具如阅读单。那么阅读要怎样才好玩？

从"范例篇"中不难发现，由于一年级儿童的识字量、写字量有限，加之使用 PPT 进行集体阅读，教师的讲述和生生互动在十分钟的课堂共读中占主导。教师基于文本又贴合儿童心理的"添油加醋"的讲述，能引导儿童沉浸于阅读情境，使儿童在愉悦中掌握绘本内容，回家后便能更流畅地讲给父母听。与此同时，课堂中的一些停顿和留白又给儿童提供了思考契机和联想空间。在共读课堂的最后，教师会根据绘本内容设计小游戏，美好的游戏体验既让儿童在课后不时回忆起共读内容，同时又对下一次课充满期待。

这些朴素的记录，展现的是立体阅读在校实践的日常。

# 《大卫,不可以》立体阅读

学　生:杭州市天长小学一(1)班

内　容:《大卫,不可以》

执教者:马迎春

记录者:陈慧

师:孩子们,长大,我们需要知道什么时间做什么事,你们知道上课不可以干什么?

生:上课不可以吃东西,不可以大吵大闹。

生:上课时,不可以喝水,也不可以玩。

生:不可以打人,不可以踩椅子。

生:不能跑步,不能大声说话。

生:不能跨栏杆。

师:的确,不能跨栏杆。

生:不能乱踩草。

师:今天,我们说的故事是《大卫,不可以》。小马老师想和大家回忆一下:你是合格的小学生了吗?

师:当太阳快要起床的时候,我们的闹钟响了。谁是听到闹钟,第一个就起来的?

生举起小手。

师:你们已经养成了早起的习惯,但大卫还没有养成。大卫迟到了,大卫回去坐好。上课的时候能不能下座位?上课能不能吃东西?

生:不能。

师:为什么呢?

生:下座位就听不到重要内容了,而且会打扰大家上课。

生：吃东西会太香，大家闻到就会忘记上课的。

师：三加二等于五，大卫要举手哦！大卫好像我们自己，我们知道答案以后，就迫不及待地发出声来，忘记举手。现在学会了吗？

生：学会了。

师：大卫，手不要乱碰！碰出一个红色的五爪印！大卫注意听讲！——大卫在干什么？

生：大卫在看风景。

师：大卫，排队取餐去！——我们班的小朋友特别文明懂礼貌，每次洗好手，就排队取餐了，所以我们取餐就会很快很安静。我们不管是谁，谁先开始的？——这是在干什么？

生：打架。

师：我不管谁先开始的，总是他们两个先开始的！——你认为这是谁说的？

生：老师。

师：你说老师会怎样处理这件事情？

生：谁先动手，谁负责任。

生：不管谁弄的，都要道歉。他们两个都错了。

生：如果一个人错了，另外一个人不能动用肢体，你要用道理回击他。

生：你要用礼仪回击他。

师：大卫，已经上课了！谁现在可以听准铃声？第一时间走回教室！嘘——这是提醒大卫在干什么？

生：安静。

师：现在会提醒了吗？小食指轻轻放在嘴边，这就是对着他点两点。（观察学生）

师：大卫现在在干什么？

生：上厕所。

师：大卫在下课时上厕所，上课就不会上厕所了。

师：大卫同学，你放学时留下。——老师为什么这么生气地说这句话？

生：铃声响了，大卫因为没有完成作业，所以只能在学校完成作业。

师：因为大卫没有完成作业，所以只能留在学校补作业了。现在我们班很棒,没有一位同学放学以后留下来补作业。放学以后,留下来补作业的小朋友是很难为情的。大卫后来改正了,老师对他说"做得很好",老师奖励了他一颗星星。你想对大卫说什么,悄悄说给同桌听。

师:希望大卫听完你们的话,能渐渐少被别人说"不可以"。让我们玩"小猴捞月"游戏吧,今天我们不捞月,我们捞"不"!

生:玩"小猴捞月"游戏。

### 课堂游戏·小猴捞月

大家先手拉手围成一个圆圈当"水井",选一个小朋友站在圈内当"小月亮",另外再选两个小朋友站在圈外当"小猴子"。

游戏开始,大家按逆时针方向一边转圈走一边唱儿歌:

小月亮,晃悠悠,乐得小猴翻跟头;

小月亮,快快跑,小猴捉住不得了!

唱完儿歌,两个"小猴"钻进"水井",手拉着手去捉"小月亮","小月亮"只能在圈内逃跑躲闪,一旦被捉住就要说出一个带"月"字的成语、诗句或表演一个小节目。

接着,由这个同学指定别人担任"小月亮"和"小猴子"的角色,游戏重新开始。每次的游戏可以有变化,根据主题把"月"改为其他的字。

微点评

我也经常像大卫一样,但我现在知道了,有些事不能做!

大卫真是一个调皮淘气、爱搞恶作剧的小男孩,但是我喜欢!

我的妈妈也总说"不可以",但我知道这都是因为爱我!

# 《小蓝和小黄》立体阅读

学　　生：杭州市天长小学一(1)班

内　　容：《小蓝和小黄》

执教者：马迎春

记录者：陈慧

师：今天的故事是关于两个朋友合作的。你们会读绘本题目吗？

生：小蓝和小黄。

师：这本书是李欧·李奥尼先生写的。它是一本很有趣的故事书。Hello! 我是小蓝。家里有蓝爸爸、蓝妈妈和小蓝。——猜一猜哪一位是蓝爸爸？哪一位是蓝妈妈？

生：胖胖的是蓝爸爸，瘦瘦的是蓝妈妈。

师：他会用反义词，真好！小小的是小蓝。谁会重复他的话？

生：胖胖的是蓝爸爸，瘦瘦的是蓝妈妈，小小的是小蓝。

师：小蓝有很多的好朋友，有哪些？

生：小红、小棕、小蓝、小黄。

师：可是他最好的朋友是谁？

生：小黄。

师：小黄就住在街对面，瞧——这里就是小黄的一家。谁能介绍小黄的一家？

生：胖胖的是黄爸爸，瘦瘦的是黄妈妈，小小的是小黄。

师：这就是小黄的一家。他们最喜欢玩藏猫猫了，小黄藏在草堆里，小红藏在大树后面，小棕藏在小小的滑滑梯后面，小蓝悄悄地在观察着。他们还喜欢转呀转呀转圈圈，在学校里他们整整齐齐地排排坐。放学了，轻轻地走出校园，又蹦又跳地往家里走，真快活呀！一天，妈妈要去买东西，她对小蓝说："你待在家里，别出去，要守好家！"小蓝点点头，但是过了一会儿，小蓝就想念小黄了,小黄在干什么呢? 于是,小蓝还是跑出去找小黄了。唉——街对面的房子里没有人,小黄去哪儿了? 他这边找找,那边找找,从白天找到晚上,找呀找,找呀找,小蓝小蓝,你现在心情怎样?

生:我现在一定很伤心。

生:我现在一定很难过。

生:爸爸、妈妈现在一定很担心。

生:小蓝肯定会担心小黄。

师:找呀找呀,突然在拐弯角找到小黄,这时小蓝是什么表情? 做给我看。

生:开心!

师:笑得眉毛都弯了,像月牙一样,再笑一个。

师:小黄,小黄,我终于找到你了,我的好朋友。他们就开心地抱在一起。你发现什么了?

生:变成绿色。

师:他们抱在一起,创造出新的颜色,抱出——

生:绿色。

师:于是,他们就去公园玩,里面有大片大片的——

生:草地。

师:他们追着小橙玩,他们会不会和小橙交朋友?

生(齐):会。

师:他们会爬过一座大山,他们很累,很累。于是他们回家了。但蓝爸爸却说:你不是我们的小蓝,你是绿的,你不是我的孩子,我的孩子是小蓝。黄爸爸和黄妈妈也说:你不是我们的小黄,你是绿的,我要我们的孩子小黄。小黄、小蓝你们现在是什么样的心情?

生:小蓝和小黄很伤心。

师:小蓝和小黄很伤心,流出了大滴的蓝眼泪和黄眼泪。瞧,你们也忍不住露出了愁眉苦脸的表情。

师:他们哭呀哭,直到都变成眼泪,碎成一片一片的。最后,他们把自己收拢靠在一起,他们说:现在爸爸和妈妈能认出我们来了吧! 因为我们现在变成——

生：小蓝和小黄。

师：蓝爸爸和蓝妈妈看见小黄后开心极了，他们又是抱又是亲。他们又抱起了小黄，但是——但是——

生：又变成了绿色。

师：现在他们终于知道是怎么回事了。你们明白了吗？

生：原来，小黄和小蓝抱在一起就变成绿色。

师：于是，他们走到街对面告诉大家这个好消息，大家高兴地互相拥抱起来。瘦瘦的蓝妈妈抱着瘦瘦的黄妈妈，变成了瘦瘦的——

生：绿妈妈。

师：胖胖的黄爸爸抱着胖胖的蓝爸爸，变成了胖胖的——

生：绿爸爸。

师：谁会说这个有爱又有趣的故事了？对着你的同桌说。

生和同桌说。

师：我们来玩一玩"抱一抱"的游戏吧！

生玩"抱一抱"游戏。

### 课堂游戏·抱一抱

每个学生代表一个字，师随机说一个词语或一句话，生以字数多少分组拥抱在一起。

这个游戏也可以叫"多人抱"。游戏前学生先围成一个圆圈，拉着手念儿歌，游戏的主持者发出指令，例如："3人抱"，那么学生就是以3个为一组抱在一起。

微点评

我也喜欢交朋友！

原来抱一抱的感觉这么好！小蓝和小黄一抱，真有神奇的事发生！

真有冒险的勇气！还好爸爸妈妈们还认识！亲情是永不变的！

# 《爱心树》立体阅读

学　生：杭州市天长小学一（1）班
内　容：《爱心树》
执教者：马迎春
记录者：陈慧


师：它是美国的小作家谢尔·希尔弗斯坦写的，和树有关。今天我们要从认识小树的生命中慢慢长大。

师：从前有一棵树，一棵挺拔的树，她好爱一个小男孩，每天男孩都会跑到树旁，和她热情地打招呼。

生：（打招呼中）

师：小朋友把叶子编成皇冠，扮起森林的国王。森林里的国王是很威武的，瞧，他在威武地走着。小男孩会爬上树干，抓住树枝当作秋千，荡啊荡啊，小风向她挥一挥手，听一听树沙沙唱歌的声音。咦！怎么会有苹果？

生：小男孩吃的。

师：荡一荡秋千，吃吃苹果，解解馋。他们会一起玩捉迷藏，男孩会调皮地躲在大石榴后面。"大树大树，你看不见我！"小男孩还会躲在厚厚的草丛里。"大树大树，你看不见我！"玩累了，小男孩就在树荫下睡觉，轻轻地靠在树干上，躺在树根上，甜蜜地进入梦乡。男孩好爱这棵树，轻轻抱住这棵树，树很快乐！"树啊树啊！你为什么快乐呢？"

生：小男孩把树当作自己的朋友。

生：因为小树可以不寂寞了。

生：她觉得很幸福，小男孩就像自己的小宝宝。

师：树就像爸爸、朋友一样。

生：如果没有朋友，就会觉得很孤独。

师：树啊树啊，你不累吗？你不痛吗？

生：不。树因为有了朋友的陪伴，觉得很快乐，不会觉得累。

师：日子一天一天过去了，小男孩长大了，瞧——你从哪儿发现男孩长大了？

生：腿长了。

生：脚指头长长了。

师：树常常觉得好孤独，树说："来吧！孩子，来爬到我的树干上，在我的树枝上荡秋千、吃水果，在我的树荫下睡觉，快快乐乐的。""我不是小孩子了！我不会在树上荡秋千了。我长大了，我在树上玩耍是不文明的。"男孩又说，"我要买东西来玩，我要钱，你可以给我一点钱吗？""真抱歉！"树说，"我没有钱，只有苹果，孩子，你拿我的苹果到城里去卖，这样就会有钱，你就会快乐。"于是，男孩爬到树上，把苹果通通带走了。树好快乐，男孩好久没有再来，树好伤心。有一天，男孩回来了，树高兴得发抖，她说："来呀！孩子，到我树干上，拿我的树枝荡秋千，快快乐乐的。""我太忙，没有时间荡秋千，我想要一间房子保暖，你可以给我一间房子吗？"

生：我没有房子，我有树枝，你可以把我的树枝砍下来造房子。

生：我没有房子，森林就是我的房子。

师：树说："你把我的树枝砍下，就可以造房子。"男孩很快乐，砍下树的枝干，去盖房子。树好快乐，为什么树很快乐？

生：因为树帮助了小男孩。

师：可是男孩好久没有再来。一天，男孩来了，树开心得快说不出话来。树说："来啊来啊，来玩呀！"你发现男孩已经变——

生：老了。

师："我又老又伤心，我已经玩不动了。"男孩说，"我想要一条船，可以带我远离这里。你可以给我一条船吗？"

生：我没有船，可以拿我的树干做船。

师："砍下我的树干，去做一条船吧！你可以远航，你就会快乐。"于是，男孩砍下她的树干，造了一条船后就走了。现在，只剩下光秃秃的树桩了。

生：树现在很快乐。

生：我现在不快乐了，我没有绿色了。

生：我再也见不着小男孩了。

生：我可以当孩子的凳子。

师："很抱歉，孩子，"树说，"我已经没有东西可以给你了，我的苹果没了，树枝没了，树干也没了。我真希望能给你些什么，可是我什么也没有，我只剩下一块老树墩，我很抱歉……""我现在要的不多，"男孩说，"只要一个安静可以坐下来休息的地方，我好累好累。"男孩坐了下来，树好快乐……树，你为什么快乐？

生：树可以和男孩在一起了。

生：树可以和朋友永远在一起了。

师：男孩坐了下来，树好快乐。从这个故事中你想到了什么？

生思考中。

师：我们拿出阅读单（本书第 66 页"阅读策略"），想一想，树一直陪伴着我们，我们又能为树做些什么呢？

生玩"大树和松鼠"游戏。

The Giving Tree 愛心樹

文·圖／謝爾·希爾弗斯坦(Shel Silverstein)
翻譯／鄭小芸

### 🍃 课堂游戏·大树和松鼠

游戏规则：

1. 事先分组，三人一组。两人扮大树，面向对方，伸出双手搭成一个小屋；一人扮松鼠，蹲在小屋中间；没成对的学生担任一个特殊的角色——猎人。

2. 猎人可以对大家发号施令,猎人的口令有三个。第一个口令:站在中间的人喊"松鼠",大树不动,扮演松鼠的人就必须离开原来的大树,重新选择其他的大树;猎人就扮演松鼠并插到大树当中。落单的人背诵一首古诗后变成猎人。第二个口令:猎人喊"大树",松鼠不动,扮演大树的人就必须离开原先的同伴重新组合成大树,并圈住松鼠,猎人同时快速扮演大树。落单的人背诵一首古诗后变成猎人。第三个口令:中间的人喊"地震",扮演大树和松鼠的人全部打散并重新组合,扮演大树的人可以当松鼠,松鼠也可以当大树,猎人亦快速插入队伍当中。那么还是会有一个落单的人,落单的人背诵一首古诗后变成猎人。

### ✿ 微点评

树好可怜,这样付出,男孩感受得到吗?

好感动! 大树给予了一个男孩成长中所需要的一切,把无私的爱给了小男孩,却不图回报。

我们可不能一味索取! 要学会感恩!

# 《最奇妙的蛋》立体阅读

学　　生：杭州市天长小学一（1）班
内　　容：《最奇妙的蛋》
执教者：马迎春
记录者：陈慧

师：今天，小马老师给大家带来更有趣的故事，叫《最奇妙的蛋》，是德国赫姆·海恩先生写的故事。什么样的蛋可以称为奇妙的蛋呢？带着这个问题，我们来听听故事吧！

师：从前，有三只母鸡住在一起。她们分别是圆圆、琪琪和毛毛。到底谁是圆圆？谁是琪琪？谁是毛毛？为什么？

生：她是圆圆，因为她身上有小圆圈。

生：她是琪琪，她都倒下来了。

师：她都倒下来，是说从下往上倒着看所以很奇怪。谁是毛毛？

生：她是毛毛，因为她的头发有很多毛。

师：我们读书既要看图，还要读文字，文字和图要一起对比着看。有一天，这三个小伙伴有一天"咯咯咯"地吵个不停，都说自己是最漂亮的母鸡。瞧，这是——

生：圆圆。

师：圆圆说："瞧我的羽毛，多么漂亮。"琪琪说："瞧我的腿，多么细长。"我们的毛毛说："瞧，我的鸡冠多么闪亮，红红的像一团火焰在燃烧。"到底谁是最漂亮的母鸡？

生：三个都很漂亮，很公平。

生：毛毛，毛毛头上的冠很像女王的王冠。

生：每个鸡都有特点，谁做得好，就给谁。

师：因为吵不出结果来，于是她们想请教国王。于是，她们跑到母鸡国王的住所,国王说:"你们会做什么?你们会做什么比你们长得好不好看重要多了。你们三个谁能下出最奇妙的蛋,我就封谁当公主,那一只母鸡就是最漂亮的母鸡。"圆圆用嘴梳理羽毛,蹲在湿漉漉的草地上,她准备干什么呢?

生:下蛋。

师:过了一会儿,她"咕哒"一声叫,走了出去。这时草地上躺了一个蛋,白白净净的,椭圆的,就像光洁的大理石一样,银得发亮,好看极了!"嗯嗯,这是我见过的鸡蛋中,最完美的鸡蛋。"国王竖起了大拇指。

师:现在,大家为琪琪感到不好受。为什么感到难受?

生:因为琪琪可能生不出一个更完美的蛋。

师:因为圆圆生出的蛋太完美了。过了十分钟,琪琪"咕哒"又响亮叫了一声,在早晨温煦的阳光里,舒展自己的大长腿。国王高兴得拍起手掌来,因为草地上竖起一个高高大大的蛋,这么大的蛋,连鸵鸟看着都要羡慕。国王对圆圆的蛋是竖起大拇指,对琪琪的蛋是——

生:拍拍手。

生:十分满意。

师:"这是我见过最大的蛋!"国王大叫起来。当大家对琪琪的蛋称赞的时候,毛毛轻轻地往草地上蹲了下来,大家都为毛毛着急,因为,大家都知道毛毛不会再下出更完美的蛋,也不会下出比琪琪更大的蛋,这绝对——绝对不可能!

师:过了一会儿,毛毛"咕哒"一声,接着站起来,就算一百年也忘不了——立在母鸡身边的,是一个四四方方的蛋,每边都像用尺子划过一样直,每面都不相同,简直就像一个大魔方。这是我见过最不可思议的蛋!太不可思议了!瞧——就放在陈列馆里,这是——

生:圆圆的蛋。

师:圆圆滑滑,还像大理石,闪闪发光。这是——

生:这是琪琪的蛋。

师:巨大无比,比鸵鸟的蛋还大。

生:这是毛毛的蛋。

师:像魔方一样,不可思议的蛋。所以三只母鸡都站在自己的蛋旁边。

国王说："同志们，我们就选选吧！谁下的蛋是最奇妙的蛋？"

生：我觉得圆圆的蛋，因为她的蛋闪闪发光。

生：毛毛，她下的蛋四四方方像魔方。

生：我从来没有见过四四方方的蛋。

生：我投给圆圆，她的蛋和一般的蛋差不多。

师：快拿出阅读单（本书第143页"阅读策略"），赞美你最喜欢的蛋，在蛋上写下你的赞美之词吧！

师：国王也很难分出这三个蛋哪个是最漂亮的，要在这三个蛋中选出一个最奇妙的蛋是不可能的。于是，国王决定，圆圆、琪琪、毛毛都可以当上公主。这真是皆大欢喜。她们又生出各不相同的孩子，孩子们又成为最好的朋友。孩子们，我们玩孵蛋游戏吧！

生玩"孵蛋"游戏。

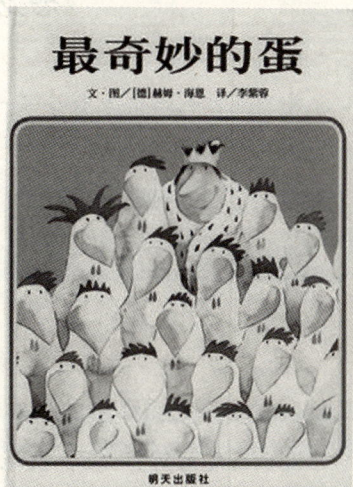

### 课堂游戏·孵蛋

两人为母鸡，其他人为蛋。口令"开始"，蛋蛋们开始抱头走动，母鸡张开翅膀（双臂）"护蛋"。围住一个"蛋"护好，当"蛋"说出这个故事（《最奇妙的蛋》）中的角色名称时，"蛋"就成功孵出小鸡（若没有说出这个故事中的角色名称，则为"冰冻蛋"）。

游戏继续，三人扮母鸡"护蛋"，直至所有的蛋都成功孵出小鸡。

### 微点评

不一样的母鸡生不一样的蛋，都那么稀奇！各有千秋！

对，如果你有奇思妙想，你有创意，你的生活就会变得很精彩。

世界上没有两片相同的树叶！我们要尊重差异。

# 《恐龙和垃圾》立体阅读

学　　生：杭州市天长小学一(1)班
内　　容：《恐龙和垃圾》
执教者：马迎春
记录者：陈慧

师：今天,小马老师要带领大家穿越时空,去一个有恐龙的世界。恐龙生活的时代距离我们现在已经很久很久了……

生：恐龙的时代里面,都没有我们人类,是小行星撞击了恐龙的地球,才有了我们远古人类的化石。

生：宇宙爆炸,小行星撞击地球,地球发生爆炸,恐龙就无法生存了。

生：地球是火山,火山爆发了很多次,所以地球就不再适合恐龙生存。

生：恐龙即将灭绝。

生：巨星把恐龙灭绝了,可是恐龙被山坡摔死了,最后我们的地球没了半个。

师：那我们的地球为什么是圆的?

生：因为恐龙还在这里,火山只是爆发一部分,其他部分还没有爆发。而且恐龙不在的时候,我们可以看看恐龙的化石,三角龙……

生：地球里面有一颗小火球,因为人爬下去的话,会越来越弱。

师：除了三角龙以外,你们还认识什么恐龙?

生：还认识霸王龙。

生：还有鱼龙。

生：我还认识三角龙。

生：我还认识壁龙。

生：我还见过变色龙。

（全体哈哈大笑）

师：今天，我给大家介绍的恐龙是这样子的——

生：霸王龙。

师：今天的字和以前不一样，这是繁体字。你们要认真听。有一个人，站在高处。他白天想的，夜里梦的，就是那个星球。那个星球的草很长很长，树很高很高，高到要和白云手拉手。那个人爬到树顶，就可以到星球上去了，星球还远得很呢！"树上有很多的鸟，我也要飞，我有钱，有很多的人替我做工作，能飞就行。""很多很多工厂，为我造一架火箭。"他把能烧的东西全部拿出来烧，给他造一个火箭，好让他能到星球上去。整天整夜，工厂的人不停地挖煤，不停地砍树，煤一块一块被挖出，树一棵一棵被砍倒。

生：古代原来没有火，人用煤来烧火。

师：煤就是黑黑的，用来烧的东西。整天整夜，火熊熊地燃烧着，一股一股又臭又刺鼻的浓烟从工厂里冒出来，天空都被黑雾笼罩了起来，废物、垃圾越来越多，堆成了一座垃圾山。你喜欢这样的城市吗？

生：不喜欢。

生：人类被臭气笼罩。

生：如果把树全砍光了，龙卷风就会把一切都卷光的。

生：不能，会把小镇的白云都弄黑的。

生：还会冒出那种水，会把地球污染的。

生：人都不能呼吸，一呼吸，就会生病的。

生：人都不能生活，都得走了。

生：如果这样，就会下大雨，人都会淹死的。

生：这样的话，会下酸雨，酸雨下来的话，会让森林里的植物都死掉。

生：这样的话，世界末日就会到来。

师：最后，火箭造好了，到处堆满了垃圾。火箭在哪起飞呢？那个人把火箭搬到最高最高的山上，向星球飞去。他到了星球上，发现根本没有东西，他想找些东西看看，什么也没找到。没有树，没有花，连一棵草都没有，黑黑的天空里，另一颗星球还算不错，到那颗星球上去吧！你猜猜看，他现在看到的星球是什么的样子？

生：应该是土星，有大片大片的土地。

生：应该是海王星，有蓝蓝的大海。

生：应该是天王星，有一条条小河。

生：可能是黑星。

生：应该是小行星，有一片片的森林。

生：可能是水星，上面有很多很多小鱼。

生：可能是月亮，上面有高山。

生：可能是火星。

师：原来他又回到了地球上。地球是怎么恢复生机的呢？那些垃圾山冒着烟，所有的大山发出轰隆轰隆的响声，地底下睡着恐龙，恐龙说："啊，怎么这么大的噪音，把我吵醒了！"恐龙躺在那里已经有一千多年了，结果被吵醒了，这些恐龙咕噜咕噜大叫着，伸着懒腰。地裂开了，恐龙一只又一只甩甩尾巴站了起来，各式各样的恐龙都跑出来了。一只恐龙捏着鼻子说："臭死了！臭死了！这个地球除了垃圾，什么都没有。如果我们想在这住下去，可有的忙了！我们要劳动起来！"

师：于是，恐龙们劳动起来了。有些恐龙把垃圾丢在火山里去烧；有些恐龙在公路上蹦蹦跳跳，把路面踩碎；还有些恐龙把垃圾都丢进垃圾山，用山把垃圾埋起来，这样地面上就看不到垃圾了。垃圾就这样一天一天被清除干净了，瞧——恐龙们又劳动起来，用小锄头把地刨平，种上小种子，绿油油的小芽就从瓦砾中长出来了。连墙头上都是，遍地盛开了鲜花，红的、绿的、紫的，五颜六色，把电线杆和铁架子都遮起来了。这样的世界你喜欢吗？

生：喜欢。

生：满世界都是花草很美。

生：不丢垃圾，动物都会回来的。

师：地球又重新热闹起来了，蓝天又出现了，蝴蝶又飞回来了，毛毛虫又爬回来了，连小蜗牛都从壳里露出了小脑袋，看着这个美妙的地球，那个人又回来了。天哪！这里树木茂盛，花草遍地，有花的香味、鸟的歌唱，他高兴地说："这个地方真美，我总算找到天堂啦！"但是，你说这是谁的天堂？

生：恐龙。

师："我的！"那个人傲慢地说。"瞧你，头长得这么小，哪有够用的脑袋管理这个星球？还是我来管理吧！"恐龙说，"我的头和你的头差不多大，可是我的心要比你的心大多了！你做事如果用脑袋，还有爱心的话，这里怎么会被你搞得这么脏？""难道这里是地球？"那个人恍然大悟，"这里就是地球，怎么跟我以前的地球不一样？"

生：把垃圾都处理掉了，所以和原来的世界很不一样。

师：原来的地球脏脏的，臭臭的，乱乱的，现在的地球干干净净的，香香的，整整齐齐的，你瞧——那个人看看四周，看出恐龙说的是实话，向恐龙哀求道："求求你了，求求你了，把地球还给我吧！"你说你会怎么做，说说理由？

生：我要还给他。

生：我觉得不应该还给他，那些都是恐龙的功劳。地球都是恐龙清洗的。

生：那人答应保护好地球，恐龙还会还给他的。

生：他会向每个恐龙道歉，每个恐龙都会还给他。

师：地球是大家的！所有的动物都欢呼起来！那个人看看四周："求求你，把地球让给我一点点好不好，哪怕是一座山，一条河，一棵树，一朵花都行！"恐龙说："不行，你不能要一点，想要就要全部，这里全是你的啦！这里是大家的！"

生：地球是大家的啦！

师：就这样，恐龙又躺在地底下睡觉了，因为完成了自己的工作，又把这个地球还给大家。后来,那个人成为地球公司董事长,他动员所有的人都做保护环境的事情。那我们能做什么环保的事情?

生:垃圾不能乱丢。

生:不能往窗外抛物。

生:捡到东西要及时归还。

……

师:说得好不如做得好,让我们开始"扫雷"游戏吧!

生拿着扫把开始清扫。

### 🍃 课堂游戏·扫雷

生拿着扫把,地面上的垃圾为"雷",一起开始"扫雷"行动。

### 🍃 微点评

这些恐龙真友爱,为他们点赞!

那个商人真糊涂,他其实还是回到了那个被他破坏过的地球。

我们也要保护地球,多植树,不浪费资源。

# 《阿松爷爷的柿子树》立体阅读

学　　生：杭州市天长小学一（1）班
内容：《阿松爷爷的柿子树》
执教者：马迎春
记录者：陈慧

师：你看见一棵怎样的柿子树？
生：我看见一棵果实很饱满的柿子树。
生：我看见一棵果实很酸的柿子树。
生：我看见一棵有很多柿子的柿子树。
生：我看见一棵柿子很新鲜的树。
师：哇！红通通的真新鲜！
生：我看见一棵像开满菊花的柿子树。
生：我看到一棵果实饱满的柿子树。
师：还有呢？
生：我看到一棵又大又红的柿子树。
生：我看到水灵灵的柿子树。
师：这棵柿子树是一个人的吗？
生：不是。
师：但是它真的是一个人种的，这个人我们叫他——
生：阿松爷爷。
师：阿松爷爷种这棵树可辛苦了。春天的时候，柿子树还是一小棵很小很小的幼苗，种在地上。他要干什么？
生：他要施肥。
师：他要施肥、浇水、拔草……把柿子树照顾得妥妥当当。夏天，他想着不要让大大的太阳晒干了他的柿子树。阿松爷爷需要照顾柿子树好几年，然后到秋天才能丰收。阿松爷爷家种了好多好多很好吃的柿子树,附近经过的小孩子都流口水。你很想吃吗,为什么?

生:没吃过。

生:我也很想吃,怕我自己吃不了。

师:很多人都想吃,阿松爷爷家搬来了新邻居——哎哟奶奶,我们来和哎哟奶奶打声招呼。

生:哎哟奶奶,你好!

师:哎哟奶奶看着柿子树,也很羡慕。"哎哟,你的柿子树看起来好好吃!"阿松爷爷一口气把柿子吃完了,把柿子蒂给哎哟奶奶。如果你是哎哟奶奶,你接到这个柿子蒂,你心里会怎么想?

生:种在地里。

生:阿松爷爷给我柿子蒂也没关系。

师:阿松爷爷心想:"只是给她一个不能吃的柿子蒂,为什么她笑得合不拢嘴。"你们想知道答案吗?

生:想。

师:哎哟奶奶兴高采烈地拿着阿松爷爷的柿子蒂回到自己的家中。原来哎哟奶奶把柿子蒂当小陀螺玩了。邻居家的小朋友都围拢来,聚集在哎哟奶奶的家里玩柿子蒂,玩得可开心了! 每个人都把柿子蒂放在地上,当陀螺,呲溜——转一圈,呲溜——再转一圈。好好玩! 这个时候,你想对哎哟奶奶说什么?

生:哎哟奶奶,你真棒!

生:哎哟奶奶,你真环保!

生:哎哟奶奶,你真会废物利用!

生:哎哟奶奶,你真环保,还会把废物当作新事物!

师:你们也喜欢这样的哎哟奶奶。——接着,阿松爷爷心想:"这怎么可能?"他把树上的柿子全部采下来了。哎哟奶奶带着小朋友去拿柿子蒂的时候,阿松爷爷说:"柿子全被我采光了,不然你们又会来要柿子,叶子给你好了!"哎哟奶奶会怎么想呢? 这叶子她会拿来做什么呢!

生:它可以当蚂蚁的床,还可以给毛毛虫吃。

生：它可以当"过家家"的碗。

生：它可以缝起来当裙子。

师："树叶这没用的东西，她怎么也这么开心？"于是，阿松爷爷就偷偷地去看。——原来，哎哟奶奶与孩子们将这些树叶串成项链、花环，玩得可开心了。他们戴着树叶花环，就像印第安人一样跳起舞蹈。你们跳舞吗？起来，我们一起来跳印第安舞蹈。

生跳着印第安舞蹈。

师：阿松爷爷心想："这怎么可能？"他赶紧把树上的叶子一片一片全部摘下来。这个时候，你心里怎么想？

生：我觉得阿松爷爷太小气了。

生：我觉得树会疼的。

生：我觉得树会枯萎的。

师：叶子摘下来以后，哎哟奶奶又来了，看到光秃秃的柿子树，她感叹："哎哟，你的柿子树！"阿松爷爷说："我的柿子树没树叶了，这样吧，叶子没有了，给你树枝吧！"树枝有什么用？你是聪明的哎哟奶奶，你会怎么做？

生：我想生火。

生：我先做成火把。

生：我想把它当成玩具。

生：可以做成铅笔。

生：做成木马。

师：你们的想法都非常好，你看——孩子们与哎哟奶奶非常开心地把树枝搬回家，奇怪？为什么他们还是这么开心呢？玩树枝都这么开心？

师：原来他们真的拿树枝烤肉，香喷喷的烤肉飘出美味的香气来。所有的小孩与哎哟奶奶都吃得津津有味。阿松爷爷心想："这下可不妙了，我得赶快保护好我的柿子树。哎哟奶奶已经这么会想办法了。"于是，阿松爷爷赶紧跑回自己的柿子树旁边，你猜他会干什么？

生：把树拔掉。

生：把树砍掉。

师：当哎哟奶奶拿着烤好的肉准备感谢阿松爷爷时，大家看着眼前的一幕都吓了一大跳:"阿松爷爷,你怎么把柿子树都砍下来了?"这时候,阿松爷爷才感觉到心爱的柿子树已经被砍下来了,已经被自己毁掉了。阿松爷爷现在心里有什么想法?

生:很伤心,把自己的树砍掉了。

生:自己的树被自己毁掉,一定很后悔。

师:很后悔,于是阿松爷爷在树旁掉下大滴大滴的眼泪。现在,阿松爷爷又干了一件什么事情?

生:吃柿子。

师:这时,哎哟奶奶对阿松爷爷说:"你别哭了,别哭了,如果还有柿子就好了,这样就能把柿子的种子种在地下,我们都帮你种柿子树。"阿松爷爷一想:"对啊!这样我的柿子树又回来了。赶紧把柿子分给全部的小朋友,这样小朋友们就能飞快地吃完,然后把柿子的种子种在地下。"种子快快长成大树,阿松爷爷的柿子树赶快长大吧!所有的人都吃了阿松爷爷的柿子,然后赶紧播种。猜猜看,第二年的秋天会出现什么样的情况?

生:会长成新的柿子树。

师:新的柿子树又会结满又红又大的柿子,阿松爷爷会怎么做?

生:柿子树结果要三年,为什么现在只要一年?

师:三年后的秋天,阿松爷爷看到这么多的柿子,他会怎么做呢?

生:阿松爷爷会分享,分给其他的邻居。

师:他学会了,这个故事就是教我们学会分享。有柿子要和大家分享,大家一起吃才是一种乐趣。回忆一下,在日常生活中,你跟同学、爸爸妈妈分享什么?

生:我在家里,答应给每个人一颗糖。

生:有一次去杭帮菜博物馆,我跟李若溪分享一部电影。

师:现在和你的同桌分享一件事。

生:大家好,我是一(1)班的张沅熙。告诉大家一个好消息,我家的鸡生了一个蛋。还有一个不好的消息,我的奶奶把鸡杀了。

生:大家好,我是一(1)班的许振翰。我阿婆养了两只鸟,但是被我阿公放了一只鸟,我阿婆气坏了。

生：大家好，我是一(1)班的胡轩谐。我每个周末都没有出去玩，都在家里练跳绳。

师：马老师想和大家分享一个我玩过的游戏，想不想玩？

生：想。

师：我和大家分享的游戏叫作"炒豆豆"……

生玩"炒豆豆"游戏。

### 课堂游戏·炒豆豆

玩法：两人相对而立，手牵手，边念儿歌（炒，炒，炒黄豆，炒完黄豆翻跟头；炒，炒，炒绿豆，炒完绿豆翻跟头……）边有节奏地左右协调摆手。

儿歌念到最后一个字时，两人举起一侧的手臂来共同翻转身体180度，还原姿势。

游戏反复进行。做翻转动作时要放慢节拍，动作要轻，以免扭伤胳膊。

### 微点评

哎哟奶奶真是有创意！还很有包容心。

阿松爷爷太小气了，最后终于知错就改，会分享了！

柿子树原来有这么多作用啊！不要小看任何一样事物！

# 《莫夫里太太家的怪物》立体阅读

学    生：杭州市天长小学一(1)班
内    容：《莫夫里太太家的怪物》
执教者：马迎春
记录者：陈慧

师：今天，马老师给大家带来一个故事。它是萨拉·戴尔文先生写的，名字叫《莫夫里太太家的怪物》。莫夫里太太家的怪物究竟长什么样呢？

生：像只猫，耳朵尖尖的。

生：尾巴长长的，手上还拿着一个碗。

生：它的手上只有一点点的毛。

师：莫夫里太太就是她啦！瞧——莫夫里太太漂不漂亮？

生：漂亮。

师：怎么漂亮？

生：她是一个小老太太，戴着一个小眼镜，穿着花裙子。

师：莫夫里太太家的怪物长什么样呢？我们一起去看看。莫夫里太太住在山顶的一座房子里，她可是一位与众不同的太太。最近，莫夫里太太的行动好像很神秘哦！大家都在说她，说什么呢？说莫夫里太太把一只怪物藏在自己的家里了。这可是千真万确的。星期一，莫夫里太太出家门了，她买回了一大车的白砂糖，满满的一大车，猜猜看，她要干什么呢？

生：她要抓怪物。

师：这个怪物可喜欢吃白砂糖了，它能吃一大车。

生：她要把怪物关在笼子里，所以把糖当作诱饵。

生：因为莫夫里太太喜欢吃甜食。

师：大家都在说：怪物能把堆得跟小山似的糖都吃完，一粒都不剩。

生：它太大了，所以它要吃堆得跟小山似的白砂糖。

师：把笼子拆掉，拿着一朵花的小怪物，是不是很温顺？星期二，莫夫里太太出家门，她买回 27 打鸡蛋，你们知道一打鸡蛋多少个吗？

生：不知道。

师：一打鸡蛋 12 个。你们早餐能吃几个鸡蛋？

生：1 个。

生：2 个。

师：它能吃几百个。大家又在说：这个大怪物每天都要用蛋汁洗头发。所以莫夫里太太要买很多鸡蛋，回去是给大怪物洗头发的。大怪物是很臭美的！就像我们一些小男生用摩丝一样，涂在头上，真美！星期三，莫夫里太太又出门了，她买回了 58 包奶油。你们猜猜看，莫夫里太太买 58 包奶油是干什么？

生：怪物当作牙膏。

生：怪物用来泡奶油浴。

生：她要制作奶油馅水果糖。

生：她要做奶油蛋糕。

师：大家都在说：怪物的爪子非常锋利，就像是小剪刀一样，每天要用很多很多的奶油，把自己的手变得很柔软。原来，这是给大怪物洗手用的。星期四，莫夫里太太又出门了，她买回了 37 袋面粉，哇——猜猜看，莫夫里太太买这么多袋面粉是用来干什么的？

生：我觉得是给大怪物做沐浴露或者洗面奶的。

生：我想是回去给它做蛋糕吃。

生：当床睡。

师：面粉袋子当床睡。大家都说：这是给大怪物当床垫子用的，晚上，它睡在面粉床垫子上才能安稳。它可真是一个大怪物！星期五，莫夫里太太买了 100 罐果酱，猜猜看这么多果酱是用来干什么？

生：洗澡。

师：这个怪物真会享受，在洗果酱浴呢！洗着洗着还喝几口。星期六，莫夫里太太没出门，她的家着火了。一股一股的烟冒出来了，可怕的乌云笼罩在房子上，你们猜她的屋子发生什么事？

生：着火了。

生：怪物没有东西吃，很生气，就发怒了。

生：变成火笼了。

师：大家都说："可怜的莫夫里太太一定是被那只大怪物当点心吃掉了。"星期天，莫夫里太太居然出现在大家面前，一点都不像被吃掉的样子，还是这么漂漂亮亮的老太太。咦——她制作了一个这么大的蛋糕，就这样放在屋子的正中央，比大怪物还要大，莫非大怪物被她藏在蛋糕里了？不是的，莫夫里太太赢得了这次蛋糕比赛的第一名，莫夫里太太获得了"最大蛋糕奖"，掌声给她！从星期一到星期六，莫夫里太太买了什么？

生：糖、鸡蛋、奶油、面粉、果酱，做了大蛋糕。

师：真的有怪物吗？

生：没有。

师：那莫夫里太太买这么多东西师干什么？

生：做蛋糕。

师：让我们快来看看蛋糕配方，学学怎么做蛋糕吧！

师：世界上本没有怪物，我们就玩玩小朋友喜欢的"三打白骨精"游戏吧！

生玩"三打白骨精"游戏。

### 课堂游戏·三打白骨精

两人一组，先背向而站，相距两步远。游戏开始后两人一块唱："孙悟空三打白骨精！"并在原地跟着节拍跳三下，唱到最后一个"精"字时，做180度翻跳动作，在落地前要摆出一个动作造型。

动作造型有三种：第一，抬起左膝，右手反掌心在额前作搭凉棚状，同时左臂微屈勾拳，此为孙悟空；第二，双手插腰，两腿侧开，此为白骨精；第三，双手

合掌于胸前,此为唐僧。这三个人物的制约关系是:孙悟空胜白骨精,白骨精胜唐僧,唐僧胜孙悟空。如果两人摆出的动作造型相同,那么游戏重来一次,方法同前。当动作造型所对应的人物形成制约关系,也就是分出胜负时,输的那位就要送一句赞美的话给对方。

**微点评**

哈哈哈,哪有怪物有那么好的胃口!

眼见为实,可不能瞎猜!

莫夫里太太的心里住着一只大怪物! 那是因为她有大理想!

# 《不会写字的狮子》立体阅读

学　生：杭州市天长小学一(1)班
内　容：《不会写字的狮子》
执教者：马迎春
记录者：陈慧

师：今天,我们来听一则故事。故事的题目叫——

生：《不会写字的狮子》。

师：在动物王国中,每个动物都要学习的。看看德国的马丁·巴兹塞特先生给我们讲的是一个什么样的狮子?

师：狮子每天愁眉苦脸的,不会写字。可是狮子根本不在乎,他会大声吼叫和露出又尖又利的牙齿,有这些能力就足够了,足够了吗?

生：不足够。

师：为什么?

生：因为他的手下出去打猎的话,只有他一个人在王宫里。如果有人让他写字,他不会写,这就麻烦了。

师：他就不会交流了。

生：他不会写字的话,老师让他写字,他说:"我不会写字",老师就会批评他。

师：不方便,得不到奖励。

师：可是我们的狮子却不在乎。有一天,狮子见到一头母狮子。美丽的母狮子在看一本书,狮子想走上前去亲吻她。但他停下了脚步,想:看书的母狮子是淑女,对待淑女,应该写一封信给她,才能亲吻她。可是狮子不会写字。狮子去找猴子,请他帮忙。"猴子,猴子,你能帮我给母狮子写封信吗?"

师：第二天,狮子带着信想去邮局寄。不过,他想知道猴子写了什么。狮子回来,让猴子念给他听,猴子念道:"美丽的女孩,你愿意和我一起到树上去吗？我有香蕉，很好吃！"这封信写得好吗？

生：不好。

师：为什么？

生：因为爬树不是狮子做的事情，猴子一定想让母狮子和自己在一起，不想让他和母狮子在一起。

师：爬树是猴子的本领，不是狮子的本领。真是为难这只母狮子了。

生：狮子是吃肉的，为什么要吃香蕉呢？应该给狮子喜欢吃的东西。

生：可是我看过一部电影《狮子王》，辛巴会躺在树梢上睡觉。

师：狮子可能会练习很久，然后会在树上睡觉。

师：这就是猴子，原来猴子是吊在树上写这封信的。"不对——不对！"狮子大吼，"我才不会这么写呢！"狮子把信撕成碎片，他来到河边，让河马给他写信。你猜，河马会写什么？

生："亲爱的淑女，我们一起到水里，让你吃好吃的鱼，好多好吃的鱼。狮子敬上。"

师：第二天，狮子带着信到邮局寄。不过，他又想了想："河马到底写了什么呢？"于是，他回来了，让河马念给他听。河马念道："可爱的女孩，你愿意和我在河里游泳，寻找海藻吗？海藻很好吃哟！"狮子又发怒了："不对——不对，我才不会这么写呢！"为什么？

生：因为，这些动作都不是狮子能做的。

师：是呀！狮子这回苦恼了。晚上，轮到屎壳郎替狮子写信了。屎壳郎写得尽心尽力，都抓破脑袋了，还在信上洒上香水。你猜，屎壳郎会写些什么？

生："亲爱的，和我一起来吃大便吧！"

生：他可能会写："亲爱的，我喷喷香水，我们一起爬到这山里，一起过日子吧！"

师：第二天，狮子想去邮局寄，半路上遇到长颈鹿，长颈鹿捂着鼻子说："好臭，好臭，这什么东西这么臭？""我的信，上面还洒了屎壳郎的香水。"狮子说。"信可以让我看看吗？"长颈鹿说。长颈鹿念了起来："可爱的女孩，你愿意跟我爬到土堆上吗？我有粪便，好吃得不得了。"狮子听完，脸都绿了。"不对——不对！我才不会这么写呢！"狮子说。长颈鹿说："这本来就不是你写的。"狮子气炸了，把信撕成碎片，后来又让长颈鹿写一封信，让鳄鱼念给自己听。第二天，狮子想找鳄鱼拿回那封信，信已经被鳄鱼吃到肚子中了。现在，轮到鳄鱼写信了，轮到秃鹰念给狮子听："亲爱的女孩，今晚一起来分享我还没有吃完的长颈鹿。好吃得不得了。"狮子哀叹道："怎么会这样，我才不会这么写呢！"好像我们狮子是多么残忍的动物，对不对？

生：对。

师：第二天，他让秃鹰把信念给自己听。"可爱的女孩，我是狮子，我是这里的老大，我想认识你。"这样行吗？

生：行。

师：秃鹰继续念，"我们可以在丛林上空飞翔，我有鹰肉，我有腐肉，好吃得不得了。"可以吗？

生：不可以。

师：为什么？

生：狮子不会飞，而且还害怕从空中摔下来变成肉饼。

师：这回狮子受不了了，气得又吼又叫。"气——气死我了——气死我了，我只想写信告诉她，她有多么美丽；我想写信告诉她，我想念她，只想和她在一起，两个人躺在树底下，欣赏夜晚的星空，这有这么难吗？"

生：难。

师：这就是狮子的想法，为什么狮子没有表达自己的心愿？

生：因为他不会写字。

师：这些都是不会写字惹的烦恼，狮子把自己想写的美好事物一件一件

大声喊出来,可是狮子不会写字,所以他又吼了好一阵。"怎么不自己写呢?""谁在问我?""我。"看书的母狮子说。狮子露出又尖又长的牙齿,难为情地说:"我没写,因为我不会写字。"母狮子笑了笑,她用鼻子轻轻地碰了狮子的鼻子,然后把他带走了。瞧——母狮子说:"来来来,我来当你的小老师,我来教你识字、写字。"孩子们,回忆一下,在绘本故事里,狮子求助了哪些动物朋友?我们用这些动物朋友来玩"动物蹲"游戏怎么样?

生:太棒了!

师生玩"动物蹲"游戏。

### 🍃 课堂游戏·动物蹲

每一个学生代表《不会写字的狮子》中的一个动物,有猴子、河马、屎壳郎、长颈鹿、鳄鱼、秃鹰等。

"猴子蹲,猴子蹲,猴子蹲完河马蹲。"

扮河马的学生站起来说:"河马蹲,河马蹲,河马蹲完屎壳郎蹲。"……学生轮流玩下去。

### 🍃 微点评

小狮子真好玩,他的想法别的动物怎么知道呢?

不同动物都有自己的生活习性,表达爱的方式也不同!

对狮子来说,和捕猎来比,写字实在太微不足道了,但不会写字也会酿成大问题!

# 《幸福的大桌子》立体阅读

学　生：杭州市天长小学一(1)班
内　容：《幸福的大桌子》
执教者：马迎春
记录者：陈慧


师：今天的故事叫——

生：《幸福的大桌子》。

师：这是日本作家森山京先生写的故事。你们看——这是谁的家?

生：兔子家。

师：兔子家很干净,我们应该怎么称呼她?

生：兔妈妈——

生：兔奶奶——

师：她戴着老花镜,我们叫她——

生：兔奶奶。

师：在兔奶奶家有一样东西很大很大,是什么?

生：桌子。

师：我们叫它——

生：兔奶奶的大桌子。

师：你看,兔奶奶正在吃晚饭。她面对大桌子一个人独自在吃晚饭,你想说什么?

生：为什么她的孩子都不来和她一起吃饭呢?

生：有兔奶奶应该也有兔爷爷,兔爷爷为什么不回来?

生：如果一个人吃晚饭的话,就像兔奶奶一样,就会没有兴趣。

师：我们数数她一共有几把椅子?

生：一、二、三……八。

师：原来可以坐八个人，现在只坐了几个人？

生：一个。

师：如果我是兔奶奶，我也会感觉很孤单。就在一年前，她的对面还坐着兔爷爷，是位和蔼可亲的兔爷爷。那时候桌子上总是摆着兔爷爷喜欢吃的水果、兔奶奶喜欢的花。三年前，他们的小儿子还住在家里，吃过晚饭，他经常坐在自己的位置上，边弹吉他边唱歌。他本来是做木匠活的，但有一天他离开了家，他说："我想当海员，到全世界的海洋去远航。"——兔爷爷怎么了？

生：兔爷爷去世了。

师：小儿子什么时候去当海员的？

生：要么是他父亲没有去世时他就去当海员了，要么就是父亲离开了，他想环游世界，完成自己的梦想。

师：小儿子的梦想就是去当海员。两年前，二儿子和双胞胎女儿也住在这里，你们看——猜猜哪位是二儿子？双胞胎是谁？

生纷纷指出。

师：他们长得真像，他们都是出色的厨师，到另一个镇上去当学徒。女儿呢，一个想当护士，另一个想当芭蕾舞演员，于是就各自住进了学校宿舍。能不能回家？

生：不能。

师：因为是寄宿学校。六年前，他们的大儿子和大女儿都住在这里，现在大女儿住在远方，有两个小宝宝了。大儿子在郊区的汽车厂里工作，郊区是不是离家很远？

生：是的。

师：这已经是几年前了？

生：六年前。

师：从去年到四年前再到六年前，你们看，时间越来越往前了。六年前，他们家的八口人围着这张大桌子，吃着每一顿饭。喝茶、聊天、休息的时候，一家人也都围坐在大桌子旁。看着六年前的景象，你们想说什么？

生：我觉得他们一定很高兴。

生：他们围坐在这么大的桌子上，一定很快乐。

师：很快乐，很幸福。其实，六个孩子小时候就是这样。你们猜猜看，他们小时候是多少年前？

生：八年前。

生：二十年前。

生：三十年前。

师：其实，六个孩子小时候就是这样的。孩子们在桌子上写作业，看书，下棋。各有各的事情，都很快活！有时候在桌子周围玩捉迷藏，过家家，可好玩了。这长桌子早就摆在这儿了。这时，孩子们的妈妈，也就是现在的兔奶奶在这张桌子上做蛋糕，熨衣服，补衣服。你们说，这张大桌子是不是见证了很多很多人的成长？这张大桌子太伟大了。桌子是孩子的爸爸——兔爷爷做的。眼看着小椅子被一把一把地改造成大椅子，孩子们也一个接着一个地离开。最后，孩子们都离开家了。孩子们会时不时地寄照片回来。偶尔，也会回来看望爸爸妈妈。但六个兄弟姐妹一次都没有聚齐过，是不是有点遗憾？大家长大了，都各做各的事情了。

师：吃完饭，兔奶奶坐在大大的桌子旁，想着自己的孩子们。不管哪个孩子做错了事，挨了骂，他们都会躲在这张大桌子底下，躲猫猫，去忏悔，怎么都不想出来，还在底下涂鸦。兔奶奶突然想起来，虽然当年知道孩子们在涂鸦，但是当时太忙，连看一眼的时间都没有。兔奶奶站起来，爬到桌子底下，涂鸦还真不少。仔细看着桌子底下的涂鸦，兔奶奶回想起那时候的笑声、那时候的哭声、那时候的喊声。啊呀——真幸福。"妈妈，妈妈，我在这。"桌子的那头露出小儿子的脸。"您在桌子底下做什么呢？"谁回来了？

生：小儿子。

师：小儿子说："还是家里舒服！我有时梦到自己回到这里，自己一直是个小小孩，和妈妈、兄弟姐妹一起围坐在这张大桌子旁吃晚餐呢！"小儿子住了两个晚上，又回到自己的码头。孤零零的兔奶奶眯着小眼睛在想："桌子上一定要摆满孩子们喜欢吃的食物。"现在的这张桌子是不是让人感觉很幸福？

生：是的。

师：到第几天孩子们都会回来了？

生：下一个月。

生：过年。

师：过年的时候，所有的兄弟姐妹都会回来，围着大桌子，这就叫团圆。读完故事，你一定有什么想说的，悄悄说给你想说的人听吧！一分钟的时间，看看谁收获的"智慧星"最多。

生玩"收集智慧星"游戏。

### 🍃 课堂游戏·收集智慧星

学生听完故事《幸福的大桌子》后，在固定时间内（一般为一分钟），把自己的想法或感受用一两句话（"智慧星"）悄悄说给其他同学听，分享的次数越多越好，分享的同时也要注意倾听其他同学的心里话。时间到，学生梳理自己收集到的"智慧星"，看谁分享的次数多。

### 🍃 微点评

我喜欢热热闹闹的大桌子！不过，有梦想就要勇敢去追寻！

老人们真需要人关心！我要多去探望外公外婆和爷爷奶奶！

人总有相聚分离！老爸说，月有阴晴圆缺。

# 附　录<sup>*</sup>

**附表 1-1　2013 级 2 班"班级阅读史"阅读书目一览（一年级上）**

| 序号 | 日　　期 | 书　　名 | 作　　者 |
|---|---|---|---|
| 1 | 2013 年 9 月 9 日 | 大卫,不可以 | [美]大卫·香农 |
| 2 | 2013 年 9 月 10 日 | 不关我的事! | [英]布莱恩·摩西,[英]迈克·戈登 |
| 3 | 2013 年 9 月 11 日 | 爷爷一定有办法 | [加]菲比·吉尔曼 |
| 4 | 2013 年 9 月 12 日 | 逃家小兔 | [美]玛格丽特·怀兹·布朗,[美]克雷门·赫德 |
| 5 | 2013 年 9 月 13 日 | 小乔逃跑了 | [美]杰克·肯特 |
| 6 | 2013 年 9 月 24 日 | 让我安静五分钟 | [英]吉尔·墨菲 |
| 7 | 2013 年 9 月 17 日 | 月亮,生日快乐 | [美]法兰克·艾许 |
| 8 | 2013 年 9 月 18 日 | 强强的月亮 | [西班牙]卡门·凡·佐尔 |
| 9 | 2013 年 9 月 20 日 | 牙齿大街的新鲜事 | [德]鲁斯曼·安娜 |
| 10 | 2013 年 9 月 22 日 | 你大我小 | [法]葛黑瓜尔·索罗塔贺夫 |
| 11 | 2013 年 9 月 23 日 | 小蝙蝠德林 | [德]安缇耶·达姆文 |
| 12 | 2013 年 9 月 16 日 | 为什么蚊子老在人们耳边嗡嗡叫 | [美]弗娜·阿尔德玛,[美]利奥·狄龙,[美]黛安·狄龙 |
| 13 | 2013 年 9 月 25 日 | 我和我家附近的野狗们 | 赖马 |

---

<sup>*</sup>　附表中"班级阅读史"所列书目与实际上课情况一致,但与前文"实践篇"有出入。原因是"实践篇"中部分内容根据需要做了增删,而每一年的上课时间也有略有变动,譬如中秋节在每一年的公历日期都不一样。

| 序号 | 日 期 | 书 名 | 作 者 |
|---|---|---|---|
| 14 | 2013 年 9 月 26 日 | 小蓝和小黄 | [美]李欧·李奥尼 |
| 15 | 2013 年 10 月 9 日 | 鸭子骑车记 | [美]大卫·夏农 |
| 16 | 2013 年 10 月 10 日 | 你看起来好像很好吃 | [日]宫西达也 |
| 17 | 2013 年 10 月 11 日 | 小鳄鱼的钱包 | [英]丽兹·弗恩雷 |
| 18 | 2013 年 10 月 14 日 | 楼上的外婆和楼下的外婆 | [美]汤米·狄波拉 |
| 19 | 2013 年 10 月 15 日 | 盲人的灯光 | [韩]罗易泰,[韩]朴启宇 |
| 20 | 2013 年 10 月 16 日 | 莫夫里太太家的怪物 | [英]萨拉·戴尔 |
| 21 | 2013 年 10 月 17 日 | 小房子变大房子 | [英]朱莉娅·唐纳森,[德]阿克塞尔·舍夫勒 |
| 22 | 2013 年 10 月 18 日 | 灰狼家的小饭桶们 | [英]大卫·梅林 |
| 23 | 2013 年 10 月 21 日 | 幸福的大桌子 | [日]森山京,[日]广濑弦 |
| 24 | 2013 年 10 月 22 日 | 艾玛过化妆节 | [英]大卫·麦基 |
| 25 | 2013 年 10 月 23 日 | 艾玛踩高跷 | [英]大卫·麦基 |
| 26 | 2013 年 10 月 24 日 | 艾玛和蝴蝶 | [英]大卫·麦基 |
| 27 | 2013 年 10 月 28 日 | 艾玛遇见怪家伙 | [英]大卫·麦基 |
| 28 | 2013 年 10 月 29 日 | 一只小猪和一百只狼 | [日]宫西达也 |
| 29 | 2013 年 10 月 30 日 | 艾玛和风 | [英]大卫·麦基 |
| 30 | 2013 年 10 月 31 日 | 卡夫卡变虫记 | [美]劳伦斯·大卫,[法]戴勒菲妮·杜朗 |
| 31 | 2013 年 11 月 1 日 | 五个丑家伙 | [德]沃尔夫·埃尔布鲁赫 |
| 32 | 2013 年 11 月 5 日 | 小真的长头发 | [日]高楼方子 |
| 33 | 2013 年 11 月 7 日 | 我有友情要出租 | 方素珍,郝洛玟 |
| 34 | 2013 年 11 月 8 日 | 敌人派 | [美]德瑞克·莫森,[美]泰拉·葛拉罕·金恩 |
| 35 | 2013 年 11 月 11 日 | 挖鼻孔的大英雄 | [法]阿兰·麦特 |
| 36 | 2013 年 11 月 12 日 | 打瞌睡的房子 | [美]奥黛莉·伍德,[美]唐·伍德 |
| 37 | 2013 年 11 月 13 日 | 冬天的温妮 | [澳]瓦拉里·托马斯,[英]科奇·保罗 |

续　表

| 序号 | 日　期 | 书　名 | 作　者 |
|---|---|---|---|
| 38 | 2013 年 11 月 14 日 | 花婆婆 | [美]芭芭拉·库尼 |
| 39 | 2013 年 11 月 15 日 | 大卫,不可以 | [美]大卫·香农 |
| 40 | 2013 年 11 月 18 日 | 我是彩虹鱼 | [瑞士]马克斯·菲斯特 |
| 41 | 2013 年 11 月 19 日 | 培培点灯 | [美]艾莉莎·巴托尼,[美]泰德·陆温 |
| 42 | 2013 年 11 月 20 日 | 怕浪费婆婆 | [日]真珠真理子 |
| 43 | 2013 年 11 月 21 日 | 点点点 | [法]埃尔维·杜莱 |
| 44 | 2013 年 11 月 22 日 | 彩虹色的花 | [波兰]麦克·格雷涅茨,[日]细野绫子 |
| 45 | 2013 年 11 月 25 日 | 打瞌睡的房子 | [美]奥黛莉·伍德 |
| 46 | 2013 年 11 月 26 日 | 你真好 | [日]宫西达也 |
| 47 | 2013 年 11 月 27 日 | 巴巴爸爸找巴巴妈妈 | [法]德鲁斯·泰勒,<br>[法]安娜特·缇森 |
| 48 | 2013 年 11 月 28 日 | 三个强盗 | [法]汤米·温格尔 |
| 49 | 2013 年 11 月 29 日 | 生气汤 | [美]贝西·艾芙瑞 |
| 50 | 2013 年 12 月 2 日 | 红绿灯眨眼睛 | [日]松居直 |
| 51 | 2013 年 12 月 3 日 | 小鹿斑比 | [奥地利]费利克斯·萨尔腾 |
| 52 | 2013 年 12 月 4 日 | 寻找国王的皇冠 | [奥地利]汉斯·雅尼什,<br>[奥地利]赫尔嘎·班石 |
| 53 | 2013 年 12 月 5 日 | 蚂蚁和西瓜 | [日]田村茂 |
| 54 | 2013 年 12 月 6 日 | 匹诺曹 | [意]卡洛·科洛迪,[韩]韩俊浩 |
| 55 | 2013 年 12 月 7 日 | 鳄鱼爱上长颈鹿 | [德]达妮拉·库洛特 |
| 56 | 2013 年 12 月 10 日 | 松鼠先生和蓝鹦鹉 | [德]塞巴斯蒂安·麦什莫泽 |
| 57 | 2013 年 12 月 11 日 | 爱心树 | [美]谢尔·希尔弗斯坦 |
| 58 | 2013 年 12 月 12 日 | 威廉先生的圣诞树 | [美]罗伯特·巴瑞 |
| 59 | 2013 年 12 月 13 日 | 圣诞老人的秘密图书 | [意]安吉丽卡·斯图布纳 |
| 60 | 2013 年 12 月 16 日 | 爱的礼物 | [德]安德鲁·拉森 |
| 61 | 2013 年 12 月 17 日 | 美猴王出世·海龙宫夺宝 | [加]母隽楠 |

| 序号 | 日 期 | 书 名 | 作 者 |
|---|---|---|---|
| 62 | 2013 年 12 月 18 日 | 从窗外送来的礼物 | [日]五味太郎 |
| 63 | 2013 年 12 月 19 日 | 宝藏 | [美]尤里·舒利瓦茨 |
| 64 | 2013 年 12 月 20 日 | 不一样的圣诞节 | [德]蜜拉·罗贝,[德]亚莉珊卓·罗贝 |
| 65 | 2013 年 12 月 23 日 | 月亮的味道 | [瑞士]麦克·格雷涅茨 |
| 66 | 2013 年 12 月 25 日 | 鼠小弟的圣诞节 | [日]中江嘉男 |
| 67 | 2013 年 12 月 27 日 | 我妈妈 | [英]安东尼·布朗 |
| 68 | 2014 年 1 月 2 日 | 西游记连环画·大闹天宫 | 吴承恩著,良士改编,陈光镒绘 |
| 69 | 2014 年 1 月 3 日 | 恐龙和垃圾 | [英]迈克·福曼 |
| 70 | 2014 年 1 月 6 日 | 是谁嗯嗯在我的头上 | [德]维尔纳·霍尔茨瓦特 |
| 71 | 2014 年 1 月 8 日 | 神农尝百草 | 纪人萍 |
| 72 | 2014 年 1 月 9 日 | 我变成一只喷火龙了! | 赖马 |
| 73 | 2014 年 1 月 10 日 | 爱德华——世界上最恐怖的男孩 | [英]约翰·伯宁罕 |
| 74 | 2014 年 1 月 11 日 | 盘古开天辟地 | 龚燕翎 |
| 75 | 2014 年 1 月 12 日 | 帝企鹅古古乐——好居农场的趣事 | [法]阿尔麦勒·博瓦 |
| 76 | 2014 年 1 月 13 日 | 浣熊街 111 号 | 陈梦敏等著,赖马等绘 |
| 77 | 2014 年 1 月 14 日 | 夸父逐日 | 钟兆慧 |
| 78 | 2014 年 1 月 15 日 | 田鼠阿佛 | [美]李欧·李奥尼 |

附表 1-2　2013 级 2 班"班级阅读史"阅读书目一览(二年级上)

| 序号 | 时　间 | 书　名 | 作　者 |
|------|--------|--------|--------|
| 1 | 2014 年 9 月 4 日 | 小猪变形记 | [英]本·科特 |
| 2 | 2014 年 9 月 5 日 | 强强的月亮 | [西班牙]卡门·凡·佐尔 |
| 3 | 2014 年 9 月 9 日 | 亲爱的老师收 | [英]艾米·哈斯本德 |
| 4 | 2014 年 9 月 10 日 | 远方寄来的生日礼物 | [日]芭蕉绿 |
| 5 | 2014 年 9 月 11 日 | 小老鼠的漫长一夜 | [英]戴安娜·亨德利,[英]简·查普曼 |
| 6 | 2014 年 9 月 12 日 | 阿文的小毯子 | [美]凯文·亨克斯 |
| 7 | 2014 年 9 月 15 日 | 阿秋和阿狐 | [日]林明子 |
| 8 | 2014 年 9 月 16 日 | 让我安静五分钟 | [美]吉尔·墨菲 |
| 9 | 2014 年 9 月 17 日 | 蓝色的天空 | [克罗地亚]安德里亚·帕特丽珂·胡塞罗维克 |
| 10 | 2014 年 9 月 18 日 | 小魔怪要上学 | [法]玛丽·阿涅丝·高德哈 |
| 11 | 2014 年 9 月 19 日 | 彩虹色的花 | [波兰]麦克·格雷涅茨,[日]细野绫子 |
| 12 | 2014 年 9 月 22 日 | 箭靶小牛 | 王淑君,张允雄 |
| 13 | 2014 年 9 月 23 日 | 小刺猬的麻烦 | [英]瑞希德·斯卡梅尔,[英]麦克·泰瑞 |
| 14 | 2014 年 9 月 24 日 | 大船 | 嵇鸿 |
| 15 | 2014 年 9 月 25 日 | 七只瞎老鼠 | [美]杨志成 |
| 16 | 2014 年 9 月 26 日 | 巴特恩的裁缝梦 | [加拿大]伊莲娜·阿珊诺莉著,凡尼绘 |
| 17 | 2014 年 10 月 8 日 | 云朵面包 | [韩]白嬉娜 |
| 18 | 2014 年 10 月 10 日 | 吃书的狐狸 | [德]弗朗齐斯卡·比尔曼 |
| 19 | 2014 年 10 月 13 日 | 我想去看海 | [法]克利斯提昂·约里波瓦,[法]克里斯提昂·艾利斯 |
| 20 | 2014 年 10 月 14 日 | 谁是第一名 | 萧湄羲 |
| 21 | 2014 年 10 月 15 日 | 两只羊的故事 | [英]汤姆·巴贝尔,[英]罗莎琳德·比尔肖 |
| 22 | 2014 年 10 月 16 日 | 森林大熊 | [瑞士]约克·史坦纳,[瑞士]约克·米勒 |

| 序号 | 时　间 | 书　名 | 作　者 |
|---|---|---|---|
| 23 | 2014 年 10 月 17 日 | 德沃夫爷爷的森林小屋 | [日]青山邦彦 |
| 24 | 2014 年 10 月 20 日 | 我想有个家 | [英]罗伦·乔尔德 |
| 25 | 2014 年 10 月 21 日 | 一叶障目 | 孙明晓 |
| 26 | 2014 年 10 月 22 日 | 雨靴里的麻雀 | [日]横内襄 |
| 27 | 2014 年 10 月 23 日 | 此地无银三百两 | 葛冰,程思新 |
| 28 | 2014 年 10 月 24 日 | 红公鸡爸爸 | 王兰,张誓铭 |
| 29 | 2014 年 10 月 27 日 | 跳舞吧,小雅 | [美]帕特雷夏·李·戈什,[日]市川里美 |
| 30 | 2014 年 10 月 28 日 | 汉堡男孩 | [英]艾伦·杜兰,[日]松岗芽衣 |
| 31 | 2014 年 10 月 29 日 | 一只孤独的乌鸦 | [德]卡罗拉·荷兰特,[德]埃迪特·施爱伯-威克 |
| 32 | 2014 年 10 月 30 日 | 楼上的外婆和楼下的外婆 | [美]汤米·狄波拉 |
| 33 | 2014 年 10 月 31 日 | 怕浪费婆婆 | [日]真珠真理子 |
| 34 | 2014 年 11 月 3 日 | 我是彩虹鱼 | [瑞士]马克斯·菲斯特 |
| 35 | 2014 年 11 月 4 日 | 你很快就会长高 | [英]安琪雅·薛维克 |
| 36 | 2014 年 11 月 5 日 | 猫头鹰和小猫 | [英]爱德华·尼尔 |
| 37 | 2014 年 11 月 6 日 | 要是你给老鼠吃饼干 | [美]劳拉·乔菲·努梅罗夫,[美]费利西亚·邦德 |
| 38 | 2014 年 11 月 7 日 | 小马小熊和暴风雨 | [德]西格丽德·霍克 |
| 39 | 2014 年 11 月 10 日 | 鸭子骑车记 | [美]大卫·夏农 |
| 40 | 2014 年 11 月 11 日 | 三个强盗 | [法]汤米·温格尔 |
| 41 | 2014 年 11 月 12 日 | 环游世界做苹果派 | [法]玛乔·普莱斯曼 |
| 42 | 2014 年 11 月 13 日 | 培培点灯 | [美]伊莉莎·巴托尼 |
| 43 | 2014 年 11 月 14 日 | 蔬菜水果志 | [法]维尔吉妮·阿拉德基迪,[法]艾玛纽埃尔·楚克瑞尔 |
| 44 | 2014 年 11 月 17 日 | 鲁拉鲁先生的院子 | [日]伊东宽 |
| 45 | 2014 年 11 月 18 日 | 有个性的羊 | [德]达尼拉·楚德岑思克 |
| 46 | 2014 年 11 月 24 日 | 灰狼家的小饭桶们 | [英]大卫·梅林 |

续　表

| 序号 | 时　间 | 书　名 | 作　者 |
|---|---|---|---|
| 47 | 2014 年 11 月 25 日 | 阿莫的生病日 | [美]菲利普·斯蒂德，[美]埃琳·斯蒂德 |
| 48 | 2014 年 11 月 26 日 | 奶奶的护身符 | 刘旭恭 |
| 49 | 2014 年 11 月 27 日 | 小熊和最好的爸爸 | [荷]阿兰德·丹姆 |
| 50 | 2014 年 11 月 28 日 | 快睡吧，小田鼠 | [德]艾尔哈特·迪特尔 |
| 51 | 2014 年 12 月 2 日 | 1 只小猪和 100 只狼 | [日]宫西达也 |
| 52 | 2014 年 12 月 3 日 | 我要大蜥蜴 | [美]凯伦·考芙曼·欧洛夫，[美]大卫·卡特罗 |
| 53 | 2014 年 12 月 4 日 | 神秘的礼物 | [法]尚塔勒·德·马霍莱斯，[日]滨本靖之 |
| 54 | 2014 年 12 月 5 日 | 地球环保小卫士——你是我的珍宝 | [西班牙]何塞普·帕劳，[西班牙]罗莎·M.库尔托 |
| 55 | 2014 年 12 月 8 日 | 生气汤 | [美]贝西·艾芙瑞 |
| 56 | 2014 年 12 月 9 日 | 一只孤独的乌鸦 | [德]埃迪特·施爱伯-威克 |
| 57 | 2014 年 12 月 10 日 | 我和我的曾外公 | [德]詹姆斯·克吕斯 |
| 58 | 2014 年 12 月 11 日 | 剪面包的男孩 | [荷兰]安娜玛丽·梵·哈灵根 |
| 59 | 2014 年 12 月 15 日 | 我选我自己 | [德]马丁·巴尔切特 |
| 60 | 2014 年 12 月 16 日 | 谁要一只便宜的犀牛 | [美]谢尔·希尔弗斯坦 |
| 61 | 2014 年 12 月 17 日 | 听爸爸讲小时候的故事·村小学 | 徐鲁 |
| 62 | 2014 年 12 月 18 日 | 石狮子 | [澳]玛格丽特·维尔德，[澳]里特娃·伍迪拉 |
| 63 | 2014 年 12 月 19 日 | 最美的圣诞礼物 | [英]艾玛·凯丽 |
| 64 | 2014 年 12 月 23 日 | 雪花人 | [美]杰奎琳·布里格斯·马丁，[美]玛丽·阿扎里安 |
| 65 | 2014 年 12 月 24 日 | 圣诞老人的王国 | [日]松本智年，[日]一色恭子 |
| 66 | 2014 年 12 月 25 日 | 圣诞老爸 | [英]雷蒙德·布里格斯 |
| 67 | 2014 年 12 月 26 日 | 两只坏蚂蚁 | [美]克里斯·范奥尔伯格 |
| 68 | 2014 年 12 月 29 日 | 巫婆的孩子与女王 | [英]乌尔苏拉·琼斯 |

| 序号 | 时 间 | 书 名 | 作 者 |
|---|---|---|---|
| 69 | 2014 年 12 月 30 日 | 最奇妙的蛋 | 〔德〕赫姆·海恩 |
| 70 | 2015 年 1 月 4 日 | 两只老鼠历险记 | 〔德〕尤尔根·基舍 |
| 71 | 2015 年 1 月 5 日 | 松伊的黄雨伞 | 〔韩〕李喆焕 |
| 72 | 2015 年 1 月 6 日 | 松鼠先生和第一场雪 | 〔德〕塞巴斯蒂安·麦什莫泽 |
| 73 | 2015 年 1 月 7 日 | 小阿力的大学校 | 〔英〕罗伦斯·安荷特,〔英〕凯瑟琳·安荷特 |
| 74 | 2015 年 1 月 8 日 | 第一百个客人 | 〔韩〕金柄圭 |
| 75 | 2015 年 1 月 9 日 | 请给青蛙一个吻 | 〔英〕汤尼·邦宁 |
| 76 | 2015 年 1 月 12 日 | 我讨厌书 | 〔加〕玛秋莎·帕基,〔加〕琳妮·弗兰森 |
| 77 | 2015 年 1 月 13 日 | 小狐狸买手套 | 〔日〕新美南吉,〔日〕黑井健 |
| 78 | 2015 年 1 月 14 日 | 别再多管闲事了,波兹! | 〔英〕尼考拉·格兰特 |
| 79 | 2015 年 1 月 15 日 | 冬天的温妮 | 〔澳〕瓦拉里·托马斯,〔英〕科奇·保罗 |
| 80 | 2015 年 1 月 16 日 | 顽皮的小狮子 | 〔法〕玛丽·杜瓦尔,〔法〕皮埃尔·库洛娜 |
| 81 | 2015 年 1 月 19 日 | 雅各布的珍宝 | 〔法〕露丝·帕潘尼,〔加〕斯蒂夫·亚当 |
| 82 | 2015 年 1 月 20 日 | 我的连衣裙 | 〔日〕西卷茅子 |
| 83 | 2015 年 1 月 21 日 | 别让鸽子开巴士 | 〔美〕莫·威廉斯 |
| 84 | 2015 年 1 月 22 日 | 小鳄鱼的钱包 | 〔英〕丽兹·费恩雷 |
| 85 | 2015 年 1 月 26 日 | 老鼠娶新娘 | 张玲玲 |
| 86 | 2015 年 1 月 27 日 | 团圆 | 余丽琼 |